Dirk Endrulat

Selbst
Balkon- und
Terrassengärten anlegen

Compact Verlag

© 1996 Compact Verlag München
Nachdruck, auch auszugsweise,
nur mit ausdrücklicher Genehmigung
des Verlages gestattet.
Alle Anleitungen wurden
sorgfältig erprobt – eine
Haftung kann dennoch
nicht übernommen werden.
Redaktion: Thomas Kroher, Wolfgang Seitz
Herstellung: Wolfgang Seitz
Umschlaggestaltung: Inga Koch
Printed in Germany
ISBN 3-8174-2257-1
2222572

Ein Wort zuvor

Selbermachen - ein Hobby, das heute für Millionen zur sinnvollen Freizeitbeschäftigung geworden ist. Ob es sich nun um die gemietete Altbauwohnung oder um die eigenen vier Wände handelt, mit etwas Geschick und einer fachmännischen Anleitung lassen sich oft verblüffende und ansprechende Ergebnisse erzielen: bei kleineren Reparaturen, beim Renovieren und Verschönern und beim Um- und Ausbauen. Und Selbermachen bringt Spaß. Freude an der eigenen Arbeit, deren Ergebnis man Tag für Tag sehen und »bewundern« kann; es spart Geld, mit dem sich langgehegte Wünsche erfüllen lassen, und es macht unabhängig von Handwerkern, auf die man wochenlang und schließlich vergeblich gewartet hat. Fachgeschäfte, Heimwerker- und Baumärkte versorgen den Hobby-Handwerker mit allen Werkzeugen und Materialien, die er braucht. Doch richtiges Werkzeug und Begeisterung allein reichen nicht aus. Unerläßlich sind eine gründliche Vorbereitung und Fachkennt-

nisse, wie eine Arbeit durchzuführen und was dabei zu beachten ist.

COMPACT PRAXIS **Selbst Balkon- und Terrassengärten anlegen** zeigt, wie man's macht. Mit wertvollen Tips und Tricks, die sich in der Praxis tausendfach bewährt haben. Jeder Arbeitsgang wird ausführlich Schritt für Schritt gezeigt und in Bild und Text erläutert. Übersichtliche Symbole zeigen auf einen Blick, mit welchem Schwierigkeitsgrad, welchem Kraft- und Zeitaufwand Sie bei jedem Arbeitsgang rechnen müssen, welche Werkzeuge Sie brauchen und wieviel Geld Sie durch Ihre eigene Arbeit einsparen können.

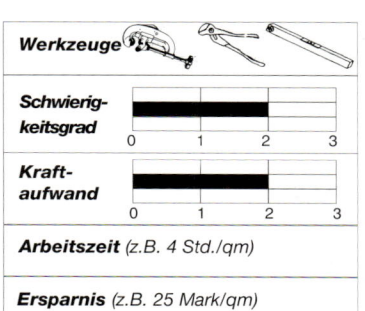

Werkzeuge			
Schwierig-keitsgrad	0 1 2 3		
Kraft-aufwand	0 1 2 3		
Arbeitszeit (z.B. 4 Std./qm)			
Ersparnis (z.B. 25 Mark/qm)			

Und so stufen Sie sich auch richtig ein:

Schwierigkeitsgrad 1 - Arbeiten, die selbst der Ungeübte ausführen kann. Es ist nur geringes handwerkliches Geschick erforderlich.

Schwierigkeitsgrad 2 - Arbeiten, die einige Übung im Umgang mit Werkzeug und Material erfordern. Es ist handwerklich durchschnittliches Geschick notwendig.

Schwierigkeitsgrad 3 - Arbeiten, die fachmännische Übung erfordern. Überdurchschnittliches Geschick ist erforderlich

Kraftaufwand 1 - leichte, einfache Arbeit, die jeder bequem erledigen kann.

Kraftaufwand 2 - Arbeiten, die eine gewisse körperliche Kraft voraussetzen

Kraftaufwand 3 - Arbeiten für kräftige Heimwerker, die keine »Knochenarbeit« scheuen.

Inhaltsverzeichnis

Inhalt

Am Anfang steht die Planung

Keine Statistik vermag zu sagen, wieviele Menschen das Grün in Haus und Garten zu ihrem Hobby gemacht haben. Die Beschäftigung mit den Pflanzen, die Kultivierung in Töpfen, Kübeln und Kästen hat sich längst von der „Pflichtübung", der Verschönerung des Hauses mit Geranien und Petunien, zum Hobby, ja zur Leidenschaft entwickelt. Das Angebot an Pflanzen und Sämereien wächst jährlich. Und der Fachhandel bietet soviel an Hilfsmitteln, daß sich auch Anfänger und Laien relativ einfach einen bunten Balkon und eine farbenprächtig blühende Terrasse schaffen können. Ein „Grünes Zimmer" auf dem Balkon, der Terrasse oder dem Dachgarten läßt sich heute eigentlich immer problemlos verwirklichen, wenn Sie einige Regeln beachten. Üppiges Grün, leuchtende Farben und verführerische Düfte sind der Lohn für ein bißchen Mühe und Geduld. Und wenn es dann soweit ist, können Sie sich im Liegestuhl zurücklehnen, die Pracht genießen, dem Alltag entfliehen. Urlaub auf „Balkonien" eben.

Auch viele Obst-, Gemüse und Kräutersorten können Sie hervorragend in Kübeln oder Kästen kultivieren. Mit solchen Produkten aus eigener Ernte, können Sie Ihren Speiseplan ganz prächtig erweitern. Selbst im Herbst hat der Nutzgarten auf Balkon oder Terrasse noch seine Wirkung. Die Lieblingskräuter kommen in ihren Töpfen ins Haus und bieten so, bis in die tiefen Winter hinein, frische Gewürze für Salate und Soßen. Dem Einfallsreichtum des Hobbygärtners sind keine Grenzen gesetzt.

Balkon und Terrasse können außer mit Pflanzen auch noch anders gestaltet werden: mit Gartenmöbeln, Bodenbelägen, Klettergerüsten für das Spalierobst oder die Wandbegrünung, ansprechenden Gefäßen, einem kleinen Seerosenteich als Vogeltränke. Dann wird das „Grüne Zimmer" schnell zur zweiten Heimat. Fast alles ist machbar, selbst auf beengtem Raum. Die richtige Pflege vorausgesetzt. Daher sollten Sie gut Bescheid wissen: vom Pflanzenkauf über die eigene Anzucht, die Ansprüche der Pflanzen, die Pflege bis hin zur Überwinterung. Fachliche Vorkenntnisse sind nicht vonnöten, um mit Balkon- und Kübelpflanzen zurecht zu kommen. Daß alle Gewächse, die Sie kultivieren wollen, Licht, Wasser und Nährstoffe benötigen, ist bekannt.

Leider kommt es, trotz aller Mühe, immer wieder einmal zu Mißerfolgen. Da hilft dann oft recht schnell die richtige Pflege .

Mitunter „erzählt" die Pflanze selbst recht genau, wie sie zu pflegen ist. Einem Gewächs mit zähen, ledigen Blättern, wie zum Beispiel dem Lorbeerbaum, ist anzusehen, daß er in der Lage ist, seinen Wasserhaushalt zu regulieren, um sich so den klimatischen Gegebenheiten anzupassen. Ein lediges Blatt und ein holziger Stiel verdunsten eben weniger Wasser als beispielsweise die zarten Blätter und Blüten des Fleißigen Lieschens.

Erfahrene Balkongärtner wissen oft mehr über die Pflege der versorgten Pflanzen als der Verkäufer im Gartencenter. Dennoch kann es nicht schaden, sich immer wieder die wichtigsten Punkte der Pflanzenpflege ins Gedächtnis zu rufen. Damit Sie zur rechten Zeit das Richtige tun. Das gilt insbesondere für Kübelpflanzen, die ja über mehrere Jahre in Ihrem „Grünen Zimmer" leben. Saisonblumen, die nur während einer einzigen Vegetationsperiode auf dem Balkon bleiben, sind in der Regel weniger anspruchsvoll - und der meist geringere Anschaffungspreis läßt einen Mißerfolg schnell verschmerzen.

Ein „Grünes Zimmer" bringt mehr Wohnqualität in jedes Haus

Tips für den Pflanzenkauf

Schon der Pflanzenkauf im Frühjahr entscheidet, wie es um Ihre sommerliche Blumenpracht bestellt sein wird. Denn die Qualität der jungen Pflanzen bestimmt, ob Sie sich jeden Tag aufs Neue über Ihre grünen Mitbewohner freuen oder neidvoll zu Ihrem erfolgreichen Nachbarn herüberschauen müssen. Oft wird nicht bedacht, daß die meisten Pflanzen in einer Umgebung wachsen und gedeihen sollen, die für sie eigentlich ungeeignet ist. Noch dazu oft in viel zu kleinen Gefäßen. Eine kräftige, junge Pflanze hat hier erheblich größere Überlebenschancen als eine von vornherein schlecht aufgezogene und geschwächte Pflanze. Achten Sie deshalb beim Kauf auf gedrungene, gut verzweigte Pflanzen mit **sattgrünem Laub** und einigen schon erkennbaren **Blütenknospen**. Die geben Ihnen beim Kauf einen Anhaltspunkt für die gewünschte Blütenfarbe. Böse Überraschungen werden so vermieden. Pflanzen mit **langen, hellgrünen Trieben**, bei denen die Abstände zwischen den einzelnen Blattansätzen sehr groß sind, sollten Sie möglichst nicht kaufen. Sie haben im Anzuchtbetrieb zu eng oder zu dunkel gestanden und sehr viel Kraft für ihr Wachstum aufwenden

müssen. Oft beginnen solche Pflanzen erst sehr spät zu blühen - und Farbe und Blütengröße lassen zu wünschen übrig.

Pflanzen mit **kleinen gelblichen Blättern** zeigen eine mangelhafte Ernährung an, sie sind also unzureichend mit Nährstoffen versorgt worden. Hier dauert es ebenfalls geraume Zeit, bis sie den Entwicklungsrückstand aufgeholt haben und mit gesunden Pflanzen konkurrieren können.

Ein weiterer Anzuchtfehler ist die **Überdüngung mit Stickstoff**. Große lappige Blätter mit dunkelgrüner Färbung sind dafür bezeichnend. Lassen Sie sich nicht täuschen, diese Pflanzen sind wenig standfest, knicken oftmals schon bei mäßigen Winden um und sind sehr empfindlich gegenüber Temperaturschwankungen, wie sie gerade zu Beginn der Sommerpflanzensaison im Mai häufig vorkommen. Pilz oder Schädlingsbefall ist manchmal vom Laien nicht auf den ersten Blick zu erkennen. So deuten weißlich überpuderte Blätter in der Regel auf Mehltau hin, während Blätter mit rostfarbenen Flecken oftmals vom Pflanzenrost befallen sind.

Wenn Sie eine Pflanze vor dem Kauf richtig beurteilen wollen, soll-

ten Sie sich auch die **Wurzeln** anschauen. Hier lassen sich ebenfalls Anzuchtfehler erkennen. Scheuen Sie sich also nicht, die eine oder andere Pflanze beim Kauf aus dem Topf zu nehmen. Finden Sie saftige, helle Wurzeln vor, besteht kein Grund zur Sorge. Pflanzen mit dunklen oder gar schwarzen Wurzeln, denen ein faulig-modriger Geruch entströmt, sollten Sie auf keinen Fall nehmen.

Nicht jeder Tag ist günstig für den Pflanzenkauf. Lassen Sie sich nicht von den ersten warmen, sonnigen Tagen verleiten, auch wenn Sie dann so richtig Lust zum Gärtnern haben. Der Pflanztag sollte auf jeden Fall in der zweiten Maihälfte liegen, wenn kein Nachtfrost mehr zu erwarten ist. Ein Tag mit bedecktem Himmel ist besonders zu empfehlen. So vermeiden Sie, daß die gerade erst gekaufte junge Pflanze einen „Sonnenbrand" bekommt. Häßliche, gelb-braune Blätter können so vermieden werden.

Unterlassen Sie es auf jeden Fall, die Pflanzen gleich nach dem Setzen zu düngen. Erst wenn sich nach wenigen Wochen frische, junge Blättchen an den Triebspitzen zeigen, ist der richtige Zeitpunkt. Denn frisch gepflanzte Ware ist noch nicht in der Lage, die Nährstoffe vollkommen aufzunehmen. Eine Überdüngung und somit Übersäuerung und Versalzung der Erde wird so verhindert.

Besondere Aufmerksamkeit sollten Sie beim Kauf von **Kübelpflanzen** an den Tag legen. Diese manchmal sehr teuren Kübelbewohner stellen - im Vergleich zu den einjährigen Balkonblumen - recht hohe Ansprüche. Sie sollen das „Grüne Zimmer" auf Balkon oder Terrasse ja mehrere Jahre schmücken und müssen daher auch im Winter möglichst artgerecht versorgt und untergebracht werden. Prüfen Sie also schon vor dem Kauf, ob Sie die Möglichkeit haben, diesen Pflanzen einen hellen und kühlen, aber frostfreien Überwinterungsplatz anzubieten. Mittlerweile bieten einige Gärtnereien einen Überwinterungsservice an. Die Pflanzen werden dann zu Beginn der kalten Jahreszeit abgeholt oder von Ihnen angeliefert und den Winter über fachgerecht versorgt.

Gerade bei fremdländischen Gewächsen zeigt es sich immer wieder, daß Pflanzenkauf Vertrauenssache ist. Investieren Sie lieber etwas mehr Geld und Zeit in den Pflanzenkauf und wählen Sie einen Fachbetrieb, der nicht nur am schnellen Handel interessiert ist, sondern Ihnen das ganze Jahr über mit Rat und Tat zur Seite steht.

Sollten Sie Ihre Pflanzen über den **Versandhandel** beziehen wollen, haben Sie natürlich kaum die Möglichkeit, vor dem Kauf zu prüfen. Sie müssen sich auf die Katalogangaben verlassen. Auf keinen Fall dürfen Sie erwarten, daß die Ware den Abbildungen im Katalog entspricht. Denn die dort gezeigten Pflanzen sind auf der Höhe ihrer Entwicklung fotografiert worden. Sie müssen sich also schon etwas gedulden, bis Ihre Exemplare der Abbildung gleichen.

Sorgfältige Auswahl für üppige Pracht

Kräftige, junge Pflanzen führen am schnellsten zum Erfolg

Davon leben Ihre Pflanzen

Nur wenig Platz bleibt den Pflanzen, um in Kästen, Kübeln und Töpfen ihren Wurzelbereich voll auszubilden. Von daher sollte das **Pflanzsubstrat** den von den Pflanzen geforderten Bedingungen voll entsprechen. Die **Erde** soll wasserhaltend sein und Nährstoffe speichern können, ohne sie zu binden, dabei aber mit guter Durchlässigkeit, also lockerer Beschaffenheit, gewährleisten, daß genügend Luft an die Wurzeln kommt. Die Struktur des Substrats muß stabil sein, darf sich also durch Wasser und Düngergaben nicht verändern. Der **Säurewert (ph - Wert)** sollte im mittleren Bereich liegen bei etwa 6,5 bis 7. Weiter ist es wichtig, daß das Substrat auch eine ausreichende Festigkeit aufweist, damit den Pflanzen genügend Standhaftigkeit im Wurzelbereich gegeben wird.

Die ideale Mischung

Kein Industrieprodukt oder selbsthergestelltes Substrat entspricht diesem Ideal. Sie müssen also versuchen, einen möglichst günstigen Mittelweg zu finden, um den Ansprüchen Ihrer Zöglinge gerecht zu werden. Da oftmals Pflanzen mit verschiedenen Ansprüchen in einem Gefäß kultiviert werden, ist auch hier ein Kompromiß der Mitte notwendig. Die meisten im Handel erhältlichen Produkte kommen diesem Ideal sehr nahe und können bedenkenlos verwendet werden. Lediglich Pflanzen mit extremen Ansprüchen brauchen Spezial-Erde, d.h. eine besonders zusammengesetzte Mischung.

In jedem Fall kostengünstiger ist es, wenn Sie die Erde selber herstellen. Eine Mischung aus je einem Teil **Kompost, Tonerde** und **scharfem Sand** hat sich hier bewährt. Verzichten Sie auf die Verwendung von Torf oder Torfprodukten. So schonen Sie Feuchtgebiete und Moore.

Die richtige Pflanzerde ist wichtig

Stimmt die Mischung, stimmt die Blüte

Damit die Blumen üppig blühen

Ganz wichtig: Überprüfen Sie bei den Pflanzen, die Sie kaufen möchten, den Zustand des **Wurzelballens**. Nehmen Sie dazu die Pflanze aus dem Topf. Die Erde sollte gut von Wurzeln durchdrungen sein. Ist das Pflanzsubstrat zu trocken, wird die Pflanze samt Topf in ein Gefäß mit Wasser (Zimmertemperatur) gestellt. Das Wasser sollte über dem Topfrand stehen. Erst wenn keine Luftbläschen mehr aus der Erde aufsteigen, ist das Substrat ausreichend mit Wasser versorgt.

Wichtig: Gute Drainage

Vor dem Pflanzen sollten Sie die Wasserabzugslöcher am Boden des Gefäßes mit **Tonscherben** abdecken. So wird verhindert, daß beim Gießen Erde herausgeschwemmt wird. Das überschüssige Wasser kann jedoch ungehindert abfließen. Das ist besonders wichtig, damit die Wurzeln nicht faulen. Bei kleineren Gefäßen ist eine dickere Dränageschicht aus Kies oder Blähton nicht zu empfehlen. Während sie bei großen Töpfen, Kästen oder Kübeln den Wasserabfluß garantiert, engt sie bei kleineren Gefäßen den ohnehin begrenzten Raum noch weiter ein, die Wurzeln haben zuwenig Platz.

Beim Einfüllen der Erde sollten Sie berücksichtigen, daß unterhalb des Gefäßrandes ein etwa 2-3 cm breiter **Gießrand** bleibt. Er verhindert, daß beim Gießen Wasser überläuft.

Um die Pflanzen bequem einsetzen zu können, schieben Sie die Erde einfach mit der Hand beiseite. Das Loch sollte so tief sein, daß die Oberkante des Pflanzenballens mit dem Erdniveau abschließt. Haben Sie einen Kasten oder Kübel bepflanzt, gießen Sie die Gewächse vorsichtig an. Sie werden feststellen, daß das Pflanzsubstrat etwas zusammensackt. Füllen Sie es einfach bis zum Gießrand wieder auf.

Der richtige Pflanzabstand

Für den Pflanzabstand gibt es eine Faustregel. Buschig und breit wachsende Pflanzen wie Geranien, Fuchsien und Begonien benötigen untereinander einen Pflanzabstand von ca. 20 cm. Kleinwüchsige und hängende Kastenbewohner brauchen weniger. Sie sind mit 10 - 15 cm zufrieden. Bepflanzen Sie jedoch einen Blumenkasten „auf Lücke", können Sie auch mehr Pflanzen unterbringen. Die Bepflanzung wirkt so von Anfang an üppiger und gewährt mehr Variationsmöglichkeiten.

Zu allererst: Wurzelballen prüfen

Pflanzabstand: 10 - 15 cm

„Auf Lücke" gepflanzt wirkt üppiger

Ohne Dünger geht's nicht

Fertig gekaufte Erden enthalten in der Regel einen Düngerzusatz, der jedoch nach ungefähr 6 Wochen verbraucht ist. In der darauffolgenden Zeit gehört also das Düngen neben dem Gießen zu den wichtigsten Pflegemaßnahmen. Allerdings kann hier auch zuviel des Guten getan werden. Eine Versalzung des Substrats ist die Folge.

Damit sich die Pflanze optimal versorgen kann, müssen sogenannte **Basisnährstoffe** vorhanden sein. Das sind in erster Linie Stickstoff, Kalium, Kalzium, Magnesium, Kalium und Phosphor.

Die Basisnährstoffe

Stickstoff ist als wichtigster Basisnährstoff anzusehen und versorgt in erster Linie die grünen Pflanzenteile, wie Triebe und Blätter. Zuviel Stickstoff läßt die Pflanze jedoch weich und schwammig werden, sie wird anfällig für Krankheiten. Einen guten Einfluß auf die Knospen und Blütenbildung hat **Phosphor**. Eine Unterversorgung läßt unter Umständen Knospen und Blüten verkümmern. Die Brillanz der Farben läßt nach. Für die Grünfärbung der Pflanzen ist überwiegend **Magnesium** verantwortlich. Es ordnet den Chlorophyllhaushalt. Gelbliche Blätter weisen

auf einen Mangel an Magnesium hin. Die optimale Zusammensetzung der im Handel erhältlichen Dünger gewährleistet die Versorgung unserer Pflanzen. Auf welche Form Sie hier auch immer zurückgreifen, den Flüssigdünger, die Düngerstäbchen oder ein Granu-

Ideal: Dünger zum Gießen

lat, ist ziemlich egal. Wichtig ist nur, daß auf jeden Fall die Dosieranweisung befolgt wird. Düngefehler werden so vermieden, und Sie sind dem Erfolg ein gutes Stück näher.

Organische Dünger

Organische Dünger sind in der Regel tierischen Ursprungs. Produkte wie Hornspäne, Blut und Knochenmehle fallen in der industriellen Tierverwertung an. Aber auch getrockneter Rinder- und Geflügeldung sowie der auf einigen Pazifik-

inseln gewonnene **Guano**, ein Seevogelexkrement, finden Verwendung. Allen gemein ist die lange Wirkungszeit bei spätem Start. Optimal also für Pflanzen, die in einem Fertigsubstrat, das eine Grunddüngung enthält, kultiviert werden. Da durch die langsame Wirkungsweise von organischen Düngern und dem langsamen Abbau der Wirkstoffe eine Überdüngung nicht zu befürchten ist, kann der Dünger dem Pflanzsubstrat schon beim Pflanzen beigegeben werden. Die Pflanzen sind über mehrere Wochen versorgt. Das Mischungsverhältnis sollte 1:10 sein; mischen Sie also einen Teil Dünger unter zehn Teile Erde.

Mineralische Dünger

Mineralische Dünger finden in reiner Form auf Balkon und Terrasse selten Verwendung, sie sind in der Regel als sogenannter Fertigdünger im Handel. Mineralische Dünger bestehen aus natürlichen Grundsubstanzen, die industriell zu einem Dünger verarbeitet werden. Mineralische Dünger sind auch in Form von sogenannten **Depotdüngern** erhältlich. Diese geben die Wirkstoffe über einen längeren Zeitraum an die Pflanze ab, d.h. Ihre Blumen sind lange gut versorgt.

Bunt gemischt: Der richtige Dünger erhält die Brillanz der Farben

Rechtzeitig zur Gießkanne greifen

Genauso ungern wie die meisten von uns plötzlich mit eiskaltem Wasser übergossen werden, haben auch Pflanzen eher das Bedürfnis nach leicht **temperiertem Gießwasser**. Eine wichtige Regel: Niemals eiskaltes Wasser verwenden! Sollten Sie keinen Sammelbehälter für Gießwasser haben, können Gießkannen und Eimer mit Wasser gefüllt werden. So erwärmt sich das Wasser im Laufe der Stunden und Ihre Pflanzen erleiden beim Gießen keinen Schock.

Am besten ist es, wenn die Pflanzen in den **Morgenstunden** gegossen werden. Die Sonne konnte die Pflanzerde noch nicht erwärmen, Wasser und Pflanzsubstrat haben ungefähr die gleiche Temperatur. Feste Regeln, was den Gießrhythmus angeht, lassen sich nicht aufstellen. Es hängt von Temperatur, Sonneneinstrahlung, Wind, Lage, Jahreszeit und den individuellen Ansprüchen der Pflanze ab, wie oft Sie zur Gießkanne greifen müssen. Überprüfen Sie häufig mit den Fingern das Substrat auf seine Feuchtigkeit. Gegossen wird möglichst durchdringend, das bedeutet, daß die Erde gänzlich feucht sein muß. Oft wird nicht richtig gegossen, die Oberfläche scheint dann gut durchwässert, das Substrat darunter dagegen bleibt pulvertrocken.

Wichtig ist auch die **Wasserqualität**. Viele Pflanzen sind schon an zu kalkhaltigem Wasser zugrunde gegangen. Besonders Hartlaubgewächse wie Azaleen, Myrten und Zitrusgewächse haben damit Probleme. Verwenden Sie deshalb Wasser aus einer Regenwassersammelanlage oder lassen Sie das Gießwasser etwa 24 Stunden abstehen. Ein beliebter Trick, um aus kalkhaltigem Wasser sogenanntes weiches Wasser zu machen, besteht darin, einen mit Humus gefüllten, etwa einen Liter fassenden Stoffsack in einen 10 Liter fassenden Eimer zu hängen. Nach wenigen Stunden schon ist das Wasser nicht mehr schädlich und somit gießbereit.

Wichtiger Tip:
Gießen Sie Ihre Balkonblumen regelmäßig, aber nie in der Mittagshitze. An sehr heißen Tagen müssen Sie sogar morgens und abends zur Kanne greifen.

Damit es immer frisch und üppig blüht

Praktisch alle Kübelpflanzen benötigen von Zeit zu Zeit einen Rückschnitt. Am besten gleich bevor die neue Vegetationsperiode einsetzt, also zwischen März und April. Durch diesen Rückschnitt werden alte, abgestorbene Pflanzenteile entfernt, zu lange Triebe werden eingekürzt, die Pflanzen im allgemeinen ausgelichtet. Dadurch bilden sich leichter neue Triebe. Zudem sind die Pflanzen weniger anfällig für Krankheiten.

Im Gegensatz zum Frühjahrsrückschnitt bei Kübelpflanzen empfiehlt es sich, die **einjährigen Kastenbewohner** häufiger auszuputzen. Bei einigen Pflanzen kann darüberhinaus ein leichter Rückschnitt nach der ersten Hauptblüte im Juni und Juli (besonders bei Salvien, Vergißmeinnicht, Lobelien und Petunien) zu einer weiteren Blütenbildung führen. Trockene und abgestorbene Pflanzenteile sollten regelmäßig entfernt werden. So wirken die Pflanzen den ganzen Sommer über frisch und üppig.

Wichtig: Verwenden Sie dazu nur „messerscharfe" Schneidewerkzeuge, also Messer oder Gartenschere, damit die Schnittstellen glatt und sauber sind. Sonst bilden sich dort ideale Angriffsstellen für Ungeziefer.

Der richtige Schnitt macht's: mit der scharfen Gartenschere oder einem Messer

Saubere Schnittstellen sind ganz wichtig

Aus eins mach' viele

1

2

3

Viel Freude kann die Vermehrung und Anzucht von Balkon-, und Kübelpflanzen machen. Während es vor einigen Jahren noch sehr kompliziert war, Pflanzen aus Samen zu ziehen, bietet heutzutage der Fachhandel eine Vielzahl von Hilfen an. Kleingewächshäuser für die Fensterbank und Wärmematten, die das Aufkeimen der Samen fördern, sind hier sehr hifreich. Selbst das Angebot an Sämereien hat sich vergrößert.

Viele Möglichkeiten

Von fast jeder Pflanzengattung stehen viele Varianten zur Verfügung, so daß Sie hier in Farben und Formen schwelgen können. Einfacher noch als die Vermehrung durch **Samen** ist die Vermehrung durch **Stecklinge**. Hier ist der Erfolg schon nach kurzer Zeit sichtbar. Und die Pflanze, die sich aus dem Steckling entwickelt, entspricht zu einhundert Prozent der Mutterpflanze. Die Anzucht aus selbstgesammelten Samen kann ebenfalls zu Erfolg führen. Da jedoch die Sortenreinheit hier nicht gewährleistet ist und in einem Samen die Erbanlagen mehrerer vorangegangener Generationen eingelagert sind, kann es hier leicht zu Enttäuschungen kommen.

Vegetative Vermehrung

Unter dem Begriff „Vegetative Vermehrung" ist die **Anzucht aus Stecklingen** zu verstehen. Manchmal fehlt der geeignete Platz für eine Überwinterung der mehrjährigen Balkonpflanzen, wie zum Beispiel Geranien und Fuchsien. Hier können dann die schönsten und blühfreudigsten Exemplare im Herbst aussortiert werden. Diese wenigen Pflanzen lassen sich dann bestimmt in einem kühlen Zimmer oder dem Hausflur unterbringen.

1 Im zeitigen Frühjahr werden einige Triebe dieser Exemplare in einer Länge von etwa 10 cm mit einem scharfen Messer oder einer Gartenschere abgeschnitten.

2 Diese Teile werden in ein Substrat getopft, das zu je einem Teil aus Sand und Humus besteht.

3 Die Stecklinge werden dann hell und warm aufgestellt und wie erwachsene Pflanzen gepflegt. Die Wurzelbildung können Sie mit einem im Handel erhältlichen Bewurzelungspuder unterstützen.

Wollen Sie jedoch den Pflanzenbestand einfach erweitern oder selber Kübelpflanzen ziehen, empfiehlt es sich, die Vermehrung im Sommer vorzunehemen. Die Temperatur ist dann in der Regel konstanter und im Freien steht oft mehr Platz zur Verfügung. Vermeiden Sie es, die Stecklinge in der Sonne aufzustellen. Da zu Beginn die Wurzeln fehlen oder erst im Ansatz vorhanden sind, hat der Zögling Probleme, die Wasserverdunstung auszugleichen.

Generative Vermehrung

Die Vermehrung von Pflanzen durch Samen wird als „Generative Vermehrung" bezeichnet. Nahezu alle Balkonpflanzen lassen sich aus Samen ziehen. Um gesunde und kräftige Pflanzen zu erhalten, ist es wichtig, daß die Pflanzen unter optimalen Bedingungen angezogen werden. Zu wenig Wärme beeinträchtigt das Aufgehen der Samen oder verhindert es völlig. Lichtmangel verhindert den angestrebten Zellaufbau und läßt die Pflanze lang aufschießen. Der Gärtner spricht hier vom „Vergeilen". Die Pflanzen stehen auf wackeligen Beinen und sind nicht kräftig genug.

Bei der zeitigen Aussaat im Februar auf der Fensterbank empfiehlt sich eine **Anzuchtbox** mit Bodenheizung und eine Pflanzleuchte. Die Box wird mit einer Mischung aus einem Teil **keimfreier Komposterde** und einem Teil **Sand** gefüllt. Um die Komposterde keimfrei zu bekommen, wird sie im Backofen gedämpft. Nun können Sie mit der Aussaat beginnen.

1 Große Samenkörner, wie die von Wicken, werden einzeln ausgelegt und leicht mit Erde bedeckt, die dann etwas angedrückt werden muß. Feinere Körner werden mit etwas Anzuchterde gemischt und dann auf das Substrat gestreut. Achten Sie darauf, daß die Samen gleichmäßig verteilt werden.

2 Nach dem Ausstreuen wird die Erde mit einem Wasserzerstäuber angefeuchtet. Benutzen Sie keine Gießkanne. Der Strahl ist zu kräftig und könnte die leichten Samen in tiefere Schichten schwemmen. Die jungen Keimlinge können sich dann nicht richtig entwickeln. Ganz feiner Samen, wie der von Begonien, wird ganz vorsichtig auf die Erde gepudert, angedrückt und mit dem Zerstäuber angefeuchtet.

Bei einer Bodentemperatur von etwa 20 Grad und aufgelegtem Deckel der Anzuchtbox können Sie, je nach Pflanzengattung, schon nach ein bis zwei Wochen

1

2

die ersten Pflänzchen entdecken. Von nun an müssen Sie für genügend Luftzufuhr sorgen. Zwischen Deckel und Box legen Sie dazu ein kleines Hölzchen. Das härtet die Pflanzen ab. Lassen Sie die Erde niemals austrocknen und gießen Sie nur mit dem Zerstäuber. Nach etwa 4 Wochen können die jungen Pflanzen dann in kleine Gefäße getopft, das heißt pikiert werden.

Wenn Pilze und Insekten Ihre Pflanzen lieben

1

2

Selbst bei guter Pflege können Sie es nicht verhindern, daß hin und wieder einige Pflanzen erkranken. Oft werden in erster Linie **pilzliche** oder **tierische Schädlinge** für den schlechten Zustand unserer Kasten- und Kübelbewohner verantwortlich gemacht. Ist jedoch bei genauerem Betrachten der Pflanze nicht auf Anhieb ein Schädling auszumachen, sollten Sie vielleicht in Erwägung ziehen, selber Urheber der Schädigung zu sein. Allzuoft wird eine falsche Ursache vermutet und entsprechend falsch reagiert. Überprüfen Sie, ob das, was Sie Ihren Pflanzen an Aufmerksamkeit und Pflege zukommen lassen, tatsächlich ihren Ansprüchen genügt. Ein falscher Standort, die Unter- oder Überversorgung mit Nährstoffen oder eine unregelmäßige Pflege können häufig die Ursache sein. Sogar Pflege- oder Anzuchtfehler, die vor längerer Zeit gemacht wurden, können sich negativ auswirken.

Pilz-Krankheiten

Unter den zahlreichen pilzlichen Erregern, die Zierpflanzen befallen können, sollen hier nur die wichtigsten erwähnt werden. Weiterführende Fachliteratur zu diesem Thema kann hilfreich sein. Oftmals reicht es jedoch aus, wenn Sie ein befallenes Pflanzenteil zu einem Fachmann bringen, sei es der Gärtner oder ein Mitarbeiter eines botanischen Instituts. In den meisten Fällen wird man Ihnen dort weiterhelfen können.

1 Sehr häufig ist an Zierpflanzen der **Grauschimmel (Botrytis)** festzustellen. Zu kühles regnerisches Wetter und die Überdüngung mit Stickstoff, die ja, wie schon erwähnt, das Gewebe schwächt, können hier die Ursache sein. Auch ein zu dichter Bewuchs kann zu Grauschimmel führen. Befallene Pflanzenteile müssen abgeschnitten und in die Mülltonne gegeben werden. Versuchen Sie, die Pflanzen trockener zu halten und stellen Sie das Düngen ein, bis eine Besserung zu erkennen ist. Zu dicht stehende Pflanzen werden ausgedünnt. Ist eine Pflanze ganz und gar vom Grauschimmel befallen, meist an Wurzelhals, Stengeln oder Blättern, sollte sie auf jeden Fall herausgenommen und weggeworfen werden. Auf gar keinen Fall gehören die befallenen Teile auf den Kompost. Die Schimmelsporen könnten, wenn die Komposterde später einmal benutzt wird, die Pflanzen erneut infizieren.

3

4

5

6

2 Die **Blattfleckenkrankheit** tritt in der Regel nur bei schon geschwächten und von daher anfälligen Pflanzen auf. Die wirksamste Vorbeugemaßnahme besteht also in optimaler Pflege. Gesunde, kräftige Gewächse haben genügend eigene Widerstandskraft, um die Parasiten abzuwehren. Befallene Blätter sollten Sie regelmäßig entfernen.

3 Der **Echte Mehltau**, der besonders häufig an Begonien und Hortensien autritt und sich durch einen weißen, pelzigen Belag auf den Blattunterseiten auszeichnet, kann vorbeugend nur durch das Vermeiden von Pflegefehlern verhindert werden. Gelegentlich tritt er trotz optimaler Pflege bei feuchtwarmer Witterung auf. Bei einem Befall mit Mehltau ist nur ein im Handel erhältliches Fungizid wirksam. Parallel zur Behandlung sollten Sie die Düngung mit Stickstoff unterlassen.

4 Der **Falsche Mehltau**, den Sie am mehligen Befall an den Blattunterseiten erkennen, ist besonders häufig im späten Frühjahr zu beobachten, besonders dann, wenn das Wetter regnerisch ist. Gefährdet sind Pflanzen wie Ziertabak,

Primeln und Vergißmeinnicht. Auch hier hilft nur das Entfernen der Pflanzenteile und eine Behandlung mit einem Fungizid. In Gegensatz zum „Echten Mehltau" können befallene Pflanzen und Pflanzenteile ohne Weiteres kompostiert werden. Sie vermehren sich nur auf lebendem Gewebe. Sollte der Mehltau über Jahre hinweg immer wieder an Ihren Pflanzen zu erkennen sein, kann auch der Standort für eine Infizierung verantwortlich sein. Fragen Sie im Handel nach resistenten Pflanzen.

5 Rostpilze sind in vielen Varianten verbreitet und oft an Geranien und Fuchsien zu finden. Rostrote Schuppen oder Bläschen an den Blattunterseiten sind ein Indiz für den Befall. Infizierte Blätter vertrocknen und fallen ab.

6 Hier sind nur ein **Fungizid** als Bekämpfungsmittel und das Absammeln der Blätter hilfreich.

Tierische Schädlinge
Überwiegend Insekten in verschiedenen Entwicklungsstadien sind als „Tierische Schädlinge" an den Pflanzen zu erkennen. Hier gilt im allgemeinen die gleiche Regel wie beim Pilzbefall: Vorbeugen ist in je-

7

8

9

10

dem Fall besser als eine Behandlung, wenn es eigentlich schon zu spät ist. Versuchen Sie also durch die richtige Pflege und Standortwahl, einem Befall vorzubeugen.

7 Blattläuse sind wohl die bekanntesten Vertreter unter den tierischen Schädlingen. Die verschiedenen Arten dieser Insekten saugen mit Vorliebe Pflanzensäfte an Triebspitzen und weichen Stielen und Blättern. Ein untrügliches Indiz für das Vorhandensein dieser grünen, bräunlichen oder schwarzen Insekten ist eine klebrige, honigartige Substanz an Blättern und Stielen. Werden Ihre Pflanzen in Bodennähe gehalten, kann auch das Auftreten von Ameisen auf einen Befall hinweisen. Zur Bekämpfung haben sich alte Hausmittel bewährt. Sprühen Sie Ihre Pflanzen mehrmals hintereinander mit einer kräftigen Schmierseifenlösung ein. Ein Auszug von etwa 500 Gramm Brennesseln auf einen Liter Wasser, den Sie 10 Tage lang verdunkelt ziehen lassen, zeigt ebenfalls eine überraschende Wirkung.

8 Schildläuse sind hartnäckiger und daher schwieriger zu bekämpfen als die Blattläuse. Lorbeerbäume, Citrusgewächse und auch Pamen, die wir im Sommer draußen aufstellen, werden häufig befallen. Diese Tierchen sind an ihren dunkelbraunen, manchmal auch schwarzen Schilden, die ihnen ihren Namen gegeben haben, zu erkennen und befinden sich meistens an der Blattunterseite oder an weichen Stielen. Unter den Schilden befinden sich die Weibchen, die dort ungestört ihrer saugenden Schädigungsarbeit nachgehen können. Mit dem Fingernagel oder einem Hölzchen lassen sich die Schilde leicht entfernen. Die unscheinbaren Larven, die sich noch an der Pflanze befinden, werden mit einer sanften Schmierseifenlösung abgewaschen. Im Handel sind auch wasserlösliche Öle erhältlich. Nach dem Aufsprühen verdunstet das Wasser, zurückbleibt ein öliger Film, der schnell verharzt. Darunter sterben die Schädlinge schnell ab.

9 Zu warm überwinterte Kübelpflanzen werden oft von **Spinnmilben** befallen. Aber auch trockene Sommer und zu wenig gegossene Pflanzen fördern die Entwicklung der eher als Winterschädlinge bekannten Insekten. Langsames Vergilben und Verwelken der Blätter deuten auf einen Befall hin. Ein

11

12

13

14

Standortwechsel und häufiges Einnebeln mit Wasser ist hier zu empfehlen.

10 Problematisch ist die Bekämpfung des **Gefurchten Dickmaulrüßlers**, der in den letzten Jahren auch vermehrt an Zierpflanzen auftritt. Da diese Tierchen nachtaktiv sind, werden sie selten, manchmal gar nicht bemerkt. Das ausgewachsene, etwa 10 mm lange Tierchen schädigt die Pflanze durch Fraß an den Blättern. Die in der Erde heranwachsenden Larven dagegen bevorzugen die Wurzeln unserer Pflanzen als Nahrungsquelle. Älchen und Fadenwürmer, die zu den Nematoden zählen, können zur Bekämpfung der Larven eingesetzt werden. Sie sind im Gartenfachhandel zu beziehen oder können bestellt werden. Die ausgewachsenen Tiere können nur bei Nacht im Schein einer Taschenlampe abgesammelt werden.

11 Ein ausgeprägter Jagdinstinkt ist vonnöten, wenn man der **Blattwanzen** habhaft werden möchte. An schönen Tagen sonnen sie sich gerne auf den Blattoberseiten, verschwinden aber blitzschnell, wenn sich ihnen ein Schatten nähert. Von daher werden diese etwa 6 mm großen Tiere selten bemerkt. Sie schädigen die Pflanze beim Neuaustrieb, indem sie die Blattknospen anstechen. Wenn nach dem Entfalten des Blattes der Schaden sichtbar wird, haben sie sich meistens schon längst aus dem Staub gemacht. Engelstrompeten und Schönmalven sind Leckerbissen für die Blattwanzen.

12 Weiße Fliegen (Mottenschildläuse) treten oft bei der Anzucht von Balkonpflanzen auf. Sie bevorzugen das feuchtwarme Klima in der Anzuchtbox oder im Gewächshaus. Die geflügelten Schädlinge halten sich gerne an den Blattunterseiten auf, und schädigen dort saugend die Pflanze. Die Blätter zeigen häufig gelbe Flecken, die jungen Triebe sind schwach. Ist der Befall sehr stark, stieben die Tiere sichtbar auseinander, wenn die Pflanze berührt wird.

13 Nützlinge sind eine ideale Form, gegen Schädlinge vorzugehen. Mitunter stellen sich nützliche Käfer und Insekten von selbst auf Balkon und Terrasse ein. Marienkäfer, Florfliegen und einige Schlupfwespen-Arten können so manche Schädlingsplage im Zaum halten. Der Marienkäfer zum Bei-

15

spiel ist natürlicher Feind der Blattläuse. Also: Vorsicht beim Einsatz chemischer Mittel, sie könnten damit auch die Nützlinge abtöten, die diese Aufgabe für Sie übernehmen würden. Nützlinge können Sie übrigens auch kaufen. Das **„Institut für Gemüsebau" an der Fachhochschule Weihenstephan, 85354 Freising, Tel. (08161) 71-0**, weiß die Bezugsquellen für Nützlinge.

14 Wenn Sie **Doldenblütler** wie **Kerbel, Dill, Fenchel** oder **Engelwurz** an einigen Stellen auf Balkon oder Terrasse pflanzen, locken Sie Schweb- und Florfliegen an. Deren gefräßige Larven vertilgen Mengen an Blattläusen. **Lavendel** und **rote Margeriten** vertreiben Blattläuse, **Thymian** und **Salbei** sind gut gegen Schnecken, **Tagetes** und **Ringelblumen** heilen den Boden von Nematoden, den Wurzelälchen. **Pfefferminze** jagt Erdflöhe in die Flucht. **Knoblauch** hilft bei Mehltau.

15 Gelbtafeln sind eine wirksame Methode, Weiße Fliegen und ähnliche geflügelte Insekten zu bekämpfen. Die Tiere kleben an den Tafeln fest, die Sie zu Ihren Balkon- und Terrassenpflanzen hängen können.

Der Aufwand lohnt nicht immer

Abgesehen von der Überwinterung einiger wertvoller Kübelpflanzen ist es kaum notwendig, mehrjährige Balkonpflanzen wie Geranien, Strauchmargariten, Fuchsien und einige andere Balkonbewohner zu überwintern. Der Anschaffungspreis rechtfertigt den Aufwand nicht. Zudem fehlt häufig der geeignete Platz, denn der Überwinterungsraum sollte kühl und hell, aber frostfrei sein. Den großen, manchmal viele Jahre alten Kübelpflanzen sollten Sie aber ein geeignetes Winterquartier zukommen lassen. Am besten eignet sich natürlich ein **beheizbares Gewächshaus**, in

Gut überwintern Balkon- und Kübelpflanzen auch in unbeheizten Räumen

dem Sie alle Ansprüche der Kübelbewohner erfüllen können. Da jedoch die meisten Balkon- und Terrassenbesitzer nicht über diese Möglichkeit verfügen, muß eine andere Lösung gefunden werden. Gut geeignet sind auch **Garagen** und **Kellerräume** mit einem Fenster oder ein heller Hausflur. **Unbeheizte Zimmer** erfüllen den gleichen Zweck. Die meisten Kübelpflanzen bevorzugen eine Überwinterungstemperatur von 5 - 10 Grad. Durch diese niedrigen Temperaturen werden die Pflanzen in eine Art Winterschlaf gezwungen und stellen weitgehend ihre Wachstumstätigkeit ein. Dennoch verlangen sie auch im Winter nach geeigneter Pflege. So darf die Erde niemals gänzlich austrocknen. Als Faustregel gilt: Je kühler und dunkler der Überwinterungsraum ist, um so weniger Wasser benötigt die Pflanze. Regelmäßig sollten Sie überprüfen, ob die Pflanze eventuell von Schädlingen befallen ist. Versuchen Sie, die Kübelpflanzen so spät wie nur irgend möglich in ihr Überwinterungsquartier zu räumen. Zum einen gibt es Pflanzen, denen auch eine mäßige Frostnacht nicht den Garaus macht, wie zum Beispiel dem Lorbeer oder der Bitterorange, zum anderen werden die Kübelbewohner so auch ein wenig abgehärtet und weniger empfindlich. Platzsparend ist es, wenn Sie Ihre mehrjährigen Balkonpflanzen zusammen mit den Kübelpflanzen überwintern. Nehmen Sie im Herbst die Balkonpflanzen aus den Kästen und setzen Sie sie einzeln in einen Ton- oder Kunststofftopf. Die kleineren Balkonpflanzen können Sie dann zu ihren größeren Nachbarn in die Kübel stellen. Sie brauchen die Töpfe nicht in der Erde zu versenken. So sparen Sie Platz und retten einige Ihrer Lieblingspflanzen in den nächsten Sommer hinüber.

Sie blühen nur einen Sommer

Einjährige Sommerblumen oder Balkonpflanzen werden in ein und demselben Jahr aus Samen oder Stecklingen gezogen und zum Blühen gebracht. Zum Ende der Saison sterben die meisten dann ab. Eine Überwinterung lohnt nicht, da im folgenden Jahr keine allzu üppige Blütenpracht mehr zu erwarten ist. Hier nun einige gut geeignete Pflanzen:

Ageratum oder auch **Leberbalsam** gilt als vorzüglicher Farbfüller. Seine Farbskala reicht von Dunkelviolett über Rosa bis hin zu Weiß. Beliebte Pflanzen für Einfassungen. Jährlich kommen viele Variationen hinzu und bieten viele Variationsmöglichkeiten. Diese meist buschig wachsende Pflanze wird je nach Sorte 12 - 60 cm hoch, Blütezeit bis zum ersten Frost.

Anagallis oder **Pimpernellen** eignen sich besonders gut als Unterbepflanzung in Kübeln oder zwischen höher wachsenden Pflanzen im Kasten. Ihr Blütenteppich sorgt den ganzen Sommer lang für Farbtupfer in Rot-, Rosa- und Blauschattierungen. Diese etwa 15 cm hoch werdende Pflanze läßt sich besonders gut im Frühjahr auf der Fensterbank anziehen.

Petunien: Die Klassiker auf dem Balkon wurden schon von unseren Großeltern geschätzt

Löwenmäulchen

Pantoffelblume (gelb)

Antirrhinum, besser bekannt unter dem Namen **Löwenmäulchen**, galten früher als reine Gartenpflanzen. Erst die Schöpfung neuer Kreationen, die durch ihre geringe Wuchshöhe auch für eine Kastenbepflanzung geeignet sind, erlauben die Verwendung auf Balkon und Terrasse. Mit ihrem vielfarbigen, duftigen Blütenflor bringen sie ein wenig vom Flair eines Bauerngartens auf den Balkon.

Calceolarien schmücken den Balkon ab Mai mit ihren doldenförmigen Blüten. Die im Volksmund als **Pantoffelblumen** bekannten Balkonpflanzen liefern eine Farbpalette von Hellgelb, fast Weiß, über Rottöne bis hin zu dunklen Brauntönen. Der ideale Standplatz ist ein sonniger Südbalkon.

Convolvulus: Diese **Zwergwüchsigen Winden** erobern sehr schnell einen Blumenkasten oder Kübel und eignen sich besonders als Ergänzung zu anderen hängenden oder rankenden Pflanzen. Ihre zarten mit einem gelben Auge versehenen Blüten, die sich in vielen Farbschattierungen von Rot über Rosa und Violett bis hin zu Weiß entfalten, verleihen jeder Bepflanzung einen zarten Akzent. Eine anspruchslose Pflanze, die jedoch besonders gut in Südlage gedeiht.

Brachyscome iberidifolia, als **Blaues Gänseblümchen** im Handel, läßt sich hervorragend in der Hängeampel oder als herausrankender Begleiter im Kasten kultivieren. Seine blauen, dem Gänseblümchen gleichenden Blüten haben dieser Pflanze, die etwa 30 cm lange Triebe bildet, ihren Namen gegeben. Dieses Gewächs muß regelmäßig gegossen werden und darf niemals in ausgetrockneter Erde stehen.

In der großen Familie der **Cellosien** kommen auch kleinwüchsige Sorten vor, die am besten an einem sonnigen bis halbschattigen Standort gedeihen, z.B. der **Federbusch**, mit seinen buschartigen Blütenständen in Pink, Lila und verschiedenen Gelbschattierungen bis hin zu leuchtendem Rot, sorgen ab Juni für ein farbenprächtiges Feuerwerk.

Mehr und mehr an Beliebtheit gewinnen die verschiedenen Sorten der **Chrysanthemen**. Sie verleihen dem Balkon mit ihren gänseblumenartigen Blüten einen ländlichen Touch. Die hier gezeigte

Begonien und Efeu: attraktive Variante

Balkon-Margerite

Die Gazanie gibt es in verschiedensten Farbzüchtungen

Sorte (Chrysanthemum paludosi-um) ist als **Balkonmargerite** im Handel erhältlich und zählt zu den wahren Dauerblühern.

Gazania Hybriden sind Züchtungen, die aus der südafrikanischen Gazanie hervorgegangen sind. Cremefarbene, gelbe und manchmal rostrote Blüten wetteifern mit ihrer Ausstrahlungskraft. Selbst mehrfarbige Blüten recken ihre Köpfe bis in eine Höhe von 25 cm.

Kein Sommer ohne **Helianthus annus**, der **Sonnenblume**. Ihre Samen werden ab April in die Erde gelegt. Eine Vorkultur ist überflüssig. Da einige Exemplare eine beträchtliche Höhe erreichen können, ist eine Kultur im Kasten nicht zu empfehlen. Eine Gruppe dieser auffälligen Blumen in einem rustikalen Holzkübel sieht sehr reizvoll aus und ermöglicht mit einem minimalen finanziellen Aufwand eine überraschende Wirkung.

Lobelien halten viele blaue, aber auch weiße Varianten bereit und ergießen sich in farbenfrohen Kaskaden über den Kastenrand. Mehrere dieser meistens hängenden Pflanzen in eine Blumenampel gepflanzt, können sehr dekorativ wirken. An einem vollsonnigen Standort öffnen sie ab Mai ihre Blüten.

Nicotianen sind mit der Tabakspflanze verwandt und werden unter der Bezeichnung **Ziertabak** gehandelt. Sie blühen erst in der zweiten Sommerhälfte, bieten aber durch ihre Farbvielfalt viele Variationsmöglichkeiten.

Schon unsere Großeltern wußten die Vielfalt der **Petunien** zu schätzen, die mit dem ihnen eigenen Duft unweigerlich an den Sommer erinnern. Alle Farben hält der Gärtner für Sie bereit. Fruchtansätze sollten regelmäßig entfernt werden, so verlängert und vergrößert sich die Blütenpracht.

Zu den bekanntesten Sommergewächsen auf dem Balkon gehören die **Studentenblumen**, die vom Fachmann als **Tagetes-Hybriden** bezeichnet werden. Die gefüllt blühenden Sorten finden mehr und mehr Liebhaber und setzen im Balkonkasten gelbe und orange-rote Akzente. Tagetes sind darüber hinaus nützlich: Sie vertreiben Blattläuse ganz nachhaltig.

Wenn Sie besonders üppigen Blumenschmuck bevorzugen, sollten

Ziertabak (Nicotiana)

Studentenblume (Tagetes)

Gelungene Mischung: Lobelien und Verbenen

Zinnien gibt es jetzt auch für den Balkon

Sie auf keinen Fall auf die verschiedenen **Tropaeolum-Hybriden** verzichten. Die **Kapuzinerkresse** etwa erobert in wenigen Wochen Ihren gesamten Balkon. Orangefarbene oder gelbe Blüten sind vor üppigem Blattwerk umgeben.

Zinnien waren bisher eher als Gartenblumen bekannt. Neuzüchtungen, die nur eine Höhe von etwa 15 cm erreichen, lassen auch eine Kultur auf Balkon und Terrasse zu. Leuchtende Blütenkörbchen in vielen verschiedenen, vorwiegend gelben, orangefarbenen, roten, violetten und weißen Farben erfreuen ab Juli das Auge. Vor starkem Regen schützen, die Blüten leiden dabei leicht Schaden.

Einkaufstip

Auf Wochenmärkten haben Sie eine große Auswahl an Balkonblumen. Günstig sind solche, die ohne Topf gleich zum Einpflanzen verkauft werden. Wenn Sie größere Mengen kaufen, können Sie meist einen Rabatt aushandeln. Nehmen Sie buschig verzweigte Pflanzen mit vielen Knospen.
Bei Samentütchen achten Sie besonders auf die Haltbarkeit, die auf jedem Päckchen angegeben sein muß, und auf die Saatangaben.

Die Investition lohnt

Immergrüne mehrjährige Balkonpflanzen, kombiniert mit farbenprächtigen Blühern

Alyssum

Grasnelke

Bellis

Mehrjährige Balkonpflanzen bleiben über mehrere Jahre im Kasten oder Kübel und können auch draußen überwintern. Aber auch Pflanzen, die in Haus oder Gewächshaus überwintert werden, bezeichnet man als „Mehrjährige". Wenn Sie Ihre Pflanzgefäße mit einer Grundausstattung an ausdauernden Pflanzen bestücken, sparen Sie sich als Balkon- oder Terrassengärtner viel Arbeit. Immergrüne Vertreter sind besonders reizvoll, da sie das „Grüne Zimmer" vor der Balkon- oder Terrassentür das ganze Jahr hindurch schmücken. Zwar ist die Anschaffung solcher Pflanzen im ersten Moment etwas teurer, es zahlt sich im Laufe der Jahre aber aus. Um die richtigen Farbakzente zu setzen, brauchen Sie im Frühjahr nur noch einige bunte „Einjährige" dazuzusetzen.

Acantholimen, die zu den Steingartengewächsen zählen, bilden immergrüne Kissen, die sich schnell über den Kübel- oder Kastenrand ergießen und den Frühling mit weißen, blauen und violetten Blüten begrüßen.

Ein weiteres Gewächs, das sich gut für den Randbereich der Pflanzgefäße eignet, ist das **Alyssum**. Seine Triebe, mit weißlich behaarten Blättern, sind auch im Winter sehr wirkungsvoll. Sie sind ab April mit einem Teppich aus gelben, weißen und bläulichen Blüten übersät. Stellen Sie dieser Pflanze unbedingt einen sonnigen Platz zur Verfügung.

Ab dem Frühsommer trumpft **Armeria**, die **Grasnelke**, mit ihrer verschwenderischen Blütenpracht auf. Da Grasnelken auch mit wenig Sonne zufrieden sind, können sie auch auf einem schattigen Balkon kultiviert werden. Mehrere Sorten sind im Fachhandel erhältlich, von der „Minipflanze", die nur 5 cm hoch wird, bis zur Blütenlänge von 40 cm, die schon Schnittblumencharakter hat.

Viele **Arthyrium**, also **Farnsorten**, lassen sich im „Grünen Zimmer" beherbergen. Leider sterben die oberirdischen Pflanzenteile im Winter ab. Allerdings machen die zarten Wedel diesen winterlichen Rückzug wieder wett.
Achtung: Alle Sorten stehen unter Naturschutz. Entnehmen Sie bitte keine Pflanzen der Natur.

Bellis ähneln in Blüte und Blatt dem Gänseblümchen, werden allerdings etwas größer. Sie erfreuen schon im zeitigen Frühjahr mit weißen oder rosaroten Blüten, von denen die gefüllten Sorten einen besonderen Charme besitzen. Durch Teilung im Frühsommer lassen sich die Bellis hervorragend vermehren.

An die Einfassung der Beete im Bauerngarten erinnert der **Buxus** mit seinen kleinen eiförmigen Blättern. Der **Buchsbaum** gehört zu den Strauchgewächsen, ist sehr genügsam und eignet sich durch seinen langsamen Wuchs ganz besonders für Kasten- und Kübelbepflanzung.

Viele Sorten der **Campanula**, groß- und kleinblumige Arten, sind mittlerweile im Handel erhältlich. Diese eher als **Glockenblumen** bekannten Pflanzen bilden in kurzer Zeit üppige Kissen, die auch den Winter über ausdauernd sind.

Kein Balkongeländer ohne **Clematis**. Dieses Gehölz läßt sich auch hervorragend im Kübel ziehen. Schnell hat sie das Balkongeländer in eine grüne Wand verwandelt. Ihre zahlreichen Blütensterne erfreuen je nach Sorte ab April - Mai das Auge. Sorgen Sie für einen humo-

sen Boden, möglichst ein wenig im Schatten anderer Pflanzen.

Einige **Cotoneaster**-Sorten behalten auch im Winter ihr Laub und tragen darüber hinaus leuchtende, orangefarbene Beeren. Dieses Gehölz eignet sich am besten als Unterbepflanzung in größeren Gefäßen.

Tropisches Flair bringt eine **Fatsia** auf Ihren Balkon. Die sollten Sie allerdings wegen ihrer Größe im Kübel ziehen. Dieses Araliengewächs besticht durch seine großen fingerförmigen Blätter. Weiße Bütendolden schmücken die Fatsia im Herbst.

Den meisten Balkongärtnern ist nicht bekannt, daß es auch winterharte **Fuchsien** zu kaufen gibt. Sie haben in der Regel kleinere Blüten als die Vertreter aus den Tropen, sind wegen ihrer Zartheit schön anzuschauen.

Eine oder mehrere **Hedera**-Pflanzen sind ein Muß für jede Terrasse, für jeden Balkon. Diese **Efeu**-Gewächse sind immergrün und bilden, an der Wand gezogen, einen wunderbaren Hintergrund für blühende Sommerblumen. Krie-

Buchsbaum

Clematis

Efeu (Hedera)

Hyazinthen

Hortensien

chende Formen sind in Balkonkästen oder Trögen als Hängepflanzen an halbschattigen Standorten beliebt. Ältere Pflanzen tragen im Winter schwarze Beerendolden - ein weiterer Schmuck.

Hyazinthen sind nicht die einzigen Zwiebelgewächse, die den Frühling auf Balkon und Terrasse einleiten. Ihr betörender Duft und ihre großen, in vielen Farben erhältlichen Blüten bieten einen leuchtenden Blickfang.

Hydrangea, die **Hortensie**, gewinnt von Jahr zu Jahr mehr Liebhaber. Die großen Blütenbälle leuchten in Rosa, Weiß, Blau und einigen Violett-Tönen. Eine kletternde Sorte können Sie gut zur Wandbegrünung einsetzen. Sie behält im Winter den größten Teil ihres sattgrünen Laubs.

Alle **Wacholder**-Sorten (Juniperus) lassen sich besonders gut als dauerhafte Basisbepflanzung einsetzen. Diese Koniferen sind ziemlich anspruchslos und werden zwischen 30 cm (Kriechwacholder) und 3 m groß. Sie dürfen nie zu trocken gehalten werden und müssen auch bei trocken-kaltem Winterwetter gewässert werden.

Aus den Mittelmeerländern stammen die **Lavendula**-Sorten, die in Kästen und Kübeln ebenfalls eine gute Figur machen. Die kleinen blau-violetten Blütenstände erfreuen zudem mit ihrem angenehmen Duft und vertreiben darüber hinaus Blattläuse und anderes Ungeziefer.

Die Familie der **Picea** liefert dem Hobbygärtner mehrere der kleinen Zwergfichten, die für das „Grüne Zimmer" geeignet sind. Sie sind das ganze Jahr hindurch als grüne Dauerbepflanzung ein interessanter Blickfang.

Viele **Promula**-Sorten eignen sich nicht nur als Saisonbepflanzung im Frühjahr. Diese sogenannten **Kissenprimeln** sind eine hervorragende Dauerbepflanzung. Besonders in Verbindung mit Nadelgewächsen ein sehr schönes Bild.

Rhododendren sind Ihnen sicher aus weitläufigen Parkanlagen bekannt. Einige Züchtungen neigen jedoch dazu, kleinwüchsig zu bleiben. Die sind dann gut für die Kübelbepflanzung geeignet. Die in der Gärtnerei erhältlichen Azaleen gehören ebenfalls zu dieser Familie und bieten einen interessanten Schmuck für Pflanzgefäße. Für jeden Standort gibt es geeignete Rhododendren- bzw. Azaleen-Sorten: Wichtig ist allerdings, daß der Boden stimmt (sauer und stark humos muß die Pflanzerde sein), dann erwartet Sie eine leuchtende Blütenpracht vom Frühjahr bis in den Sommer hinein.

Kleinwüchsige **Rosa**-Züchtungen lassen sich ebenfalls gut einsetzen. Miniaturrosen sind in einer nahezu unermeßlichen Farben- und Formenvielfalt erhältlich. Sie sollten allerdings während der Wintermonate an einem geschützten Platz aufgestellt und abgedeckt werden.

Gerade für kleine Gefäße hat sich eine Bepflanzung mit **Sempervivum** bewährt. Diese anspruchslosen Steingartengewächse benötigen nur wenig Pflege. Selbst längere Trockenheit überstehen die dekorativen Blattrosetten sehr gut.

Wisteria: Ein ausreichend großer Kübel ist schon notwendig, um diese königliche Rankpflanze auf dem Balkon oder der Terrasse zu kultivieren. Nach einigen Jahren übergießt die Wisteria das Rankgerüst oder die Wand an der Terrasse mit einem Meer von duftigen, blau-violetten Blütentrauben.

Zwergfichte (Picea)

Rhododendron

Sempervivum (Hauswurz)

Sie bringen ein Stück Süden in den Garten

Große Kübel- und Topfbewohner verleihen Terrasse und Balkon ein südländisches Flair. Durch ihre Größe und Dominanz prägen sie den Stil des „Grünen Zimmers". Unter ihnen finden wir immergrüne und auch laubabwerfende Gehölze. Aber auch Stauden, die wegen ihrer Größe im Kübel kultiviert werden müssen, laufen unter der Bezeichnung Kübelpflanzen

Eine der auffälligsten und dekorativsten Kübelpflanzen ist wohl der **Agapanthus.** Diese immergrüne Schmucklilie, die aus dem Süden Afrikas stammt, entfaltet im Sommer eine Vielzahl von langen Blütenschäften, an denen ausdrucksvolle weiße und blaue Blütendolden wachsen. Im Sommer sollte sie vollsonnig, im Winter hell und frostfrei aufgestellt werden.

Agaven sind über den Süden Europas aus Mittelamerika in unsere Breiten gelangt. Sie haben nur geringe Ansprüche, lieben aber einen sonnigen, eher trockenen Platz. Leider lassen sich diese Pflanzen nicht zurückschneiden und erreichen im Laufe der Jahre eine stattliche Größe, die eine spätere Trennung unausweichlich macht. Allerdings vermehreren sie sich sehr stark. Für Nachwuchs ist also immer gesorgt.

Viele Balkongärtner haben Probleme mit der Kultivierung der **Bougainvillea** und erzielen oft nur unbefriedigende Ergebnisse. In südlichen Gefilden schmückt sie mit ihren langen Ranken ganze Fassaden. Hier sollte sie für die Blumenampel vorbehalten bleiben, es sei denn, Sie können dieser reizvollen Pflanze einen Platz in einem Wintergarten anbieten.

Selbst zur kühleren Jahreszeit können Sie auf Terrasse oder Balkon unter Palmen wandeln. Die **Chamaerops humilis**, die **Europäische Zwergpalme**, wird selbst mit einigen Minusgraden fertig und benötigt in ihrem Winterquartier lediglich einen guten Frostschutz für den Wurzelbereich. Eine Ver-

Bougainvillea: traumhaft schön, aber schwer zu pflegen

packung aus Stroh und Folie leistet hier gute Dienste.

Wer hat nicht schon einmal davon geträumt, unter blühenden Zitronen- und Orangenbäumen zu sitzen. **Citrusgewächse** eignen sich hervorragend für die Kultivierung im Kübel. Sie blühen und tragen gleichzeitig Früchte und bieten so einen aparten Blickfang. Überwintern Sie die Citrusgewächse bei etwa 8 Grad. Im Sommer wollen sie voll sonnig stehen. Leider ist die Anschaffung sehr kostspielig und die Vermehrung in unseren Breiten etwas schwierig.

Mit riesigen Blütentrompeten erfreut im Sommer die **Datura**. Diese schnellwüchsige Kübelpflanze läßt sich innerhalb nur einer Vegetationsperiode von einem Steckling zu einem wahren Prachtexemplar heranziehen. Die Überwinterung macht keine Probleme, da sie auch in einem dunklen, jedoch kühlen Raum untergebracht werden kann. Im Sommer reicht ein halbschattiger Platz.

Die **Zierbanane, Ensete ventricosum**, ist reizvoll anzuschauen, auch wenn Balkon- und Terrassengärtner wohl niemals eigene

Agave

Datura

Bananen werden ernten können. Auch sie verträgt einen halbschattigen Standort und kann dunkel überwintert werden.

Aus der weit verbreiteten Familie der **Feigenbäume** lassen sich einige Sorten gut im „Grünen Zimmer" halten. Sie können den Winter sogar bei milden Temperaturen im Freien verbringen und benötigen nur bei starken Frösten einen entsprechenden Schutz.

Fuchsien eignen sich nicht nur für die Bepflanzung des Balkonkastens. Einige Sorten neigen zu einem beträchtlichen Größenwachstum und können als Hochstamm oder buschig wachsende Pflanze mit ihrer verschwenderischen Blütenfülle das Zimmer im Grünen schmücken. Die Ansprüche sind denen der kleineren Familienmitglieder ähnlich. Ein Rückschnitt um einige Zentimeter pro Trieb fördert einen buschigeren Wuchs.

Einige Vertreter der so reichlich vorhandenen **Geranien**-Sorten gedeihen gleichfalls sehr gut in einem Kübel und lassen sich im Laufe der Jahre zu wahren Prachtexemplaren heranziehen. Sorgen Sie für einen sonnigen Standplatz und einen mäßigen Rückschnitt im Frühjahr. Zur Überwinterung verbleibt die Geranie in ihrem Gefäß und wird hell, aber frostfrei aufgestellt und nur mäßig gegossen.

Nerium oleander ist in Südeuropa heimisch und schmückt dort Straßenzüge und Plätze. Seit dem Mittelalter wird der **Oleander** auch im nördlichen Europa kultiviert. Die einfach und gefüllt blühenden Sorten haben einen hohen Nährstoff- und Wasserbedarf. Ein Untersatz, in dem ständig Wasser stehen sollte, gewährleistet, daß die Pflanze niemals austrocknet. Der sonnigste Platz ist am besten für den Oleander geeignet, er kann hell oder dunkel, in jedem Fall aber kühl überwintert werden.

Zu den pflegeleichtesten Kübelgewächsen gehören die **Palmlilien (Yucca)**. Ihre imposanten weißen Blütenstände, die denen einiger Lilien gleichen, haben ihr den deutschen Namen gegeben. Sie ist mit fast jedem Platz zufrieden.

An einem im Kübel befindlichen Rankgerüst läßt sich wunderbar die **Passiflora** ziehen. Ein sonniger bis halbschattiger Platz ist ihr

Fuchsie: universell einsetzbar

im Sommer sehr angenehm. Nähr-stoffbedarf und Wasserverbrauch sind relativ hoch. Den Winter ver-bringt sie am besten im geheizten Zimmer oder im Gewächshaus.

Häufig gestutzt werden sollte **Plumbago auriculata**. Diese bei uns als **Bleiwurz** bekannnte Pflan-ze bildet sehr lange Triebe, die oh-ne Rückschnitt der Pflanze bald ei-nen sparrigen Wuchs verleihen. Vor dem Überwintern in einem dunklen oder hellen, kühlen Raum, sollten Sie alle Triebe um die Hälfte zurückschneiden.

Das in unseren Breiten am häufig-sten verbreitete Gewächs für den Kübel ist **Laurus nobilis**. Schon in der Antike wurden **Lorbeerbäu-me** in Gefäßen gezogen und mit ih-nen Straßen Plätze und Terrassen dekoriert. Diese anspruchslose Pflanze läßt sich sehr gut in Form schneiden und entspricht so dem klassischen Ideal der Kübelpflanze. Der Lorebeerbaum benötigt im Sommer einen möglichst sonnigen Platz. Im Winter ist er mit einem ge-schützten Platz im Freien zufrie-den. Kürzere Frostperioden über-steht er problemlos, er muß aller-dings sofort nach Auftauen der Pflanzerde gewässert werden.

Lorbeer-Bäumchen im Pflanzkübel

Fünf wichtige Pflegetips

1. Setzen Sie kleine Pflanzen (z.B. Steinkraut, Kapuzinerkresse, Lobelien, Zwergrosen) als **Mitbewohner** in den Kübel. Das schützt die Erde an heißen Tagen vor dem Austrocknen und sieht trotzdem toll aus.

2. **Gießen** Sie dicht belaubte, buschige Kübelpflanzen **auch bei Regen**; denn die Krone wirkt wie ein Dach und hält den meisten Regen ab. Dann komt zu wenig Wasser an die Wurzeln.

3. Benutzen Sie **Übertöpfe**, die einen Ablauf haben. Dann bleibt überschüssiges Gießwasser nicht stehen. Die Wurzeln faulen nicht. Sollte der Übertopf auf einem Untersetzer stehen, müssen Sie auch den immer wieder entleeren.

4. Entfernen Sie **Verblühtes** regelmäßig, sonst bilden sich immer wieder Fruchtansätze. Das nimmt der Pflanze die ganze Kraft - und sie blüht nicht mehr so üppig.

5. **Düngen** Sie regelmäßig einmal pro Woche. Pflanzen im Kübel steht nur wenig Erdsubstrat zur Verfügung. Sie brauchen Zusatz-Nahrung, um fleißig zu blühen und kräftig zu wachsen.

Bildschönes Beispiel für eine Kübelpflanze: eine Gewürzlinde

Attraktive Beispiele

Oleander im rustikalen Holzkübel

Südländisches Flair: Palmen

Gelber Margeritenbusch im Korb

Immergrünes im Steintrog

Hydrangea, immer attraktiv

Ein Feigenbaum im Mörtelkübel

Obst- und Gemüse auf dem Balkon

Orangenbäumchen

Weintrauben

Stachelbeere

Nutzpflanzen als Balkon- und Terrassenbepflanzung machen nicht mehr Arbeit als Zierpflanzen. Und was die Schönheit angeht, da können Nutzpflanzen durchaus mit den Sommerblühern konkurrieren. Hier werden die farbigen Akzente eben nicht von Blüten, sondern von leuchtenden Früchten gesetzt. Das Schönste an einer solchen Balkonbepflanzung ist, wenn Sie miterleben, wie aus einem winzigen Samenkorn in wenigen Wochen ein knackiger Salatkopf entsteht. Mitzuerleben, wie verschiedene Insekten sich an die Bestäubung der Blüten machen. Einen kleinen Obstbaum im Kübel zu hegen und irgendwann die ersten roten Kirschen zu entdecken oder bei der Salatzubereitung mal eben schnell auf den Balkon gehen zu können, um frische Kräuter zu ernten. Natürlich kann Ihr Balkon nie mit dem Ertrag eines Gemüsebeetes wetteifern. Betrachten Sie Obst, Gemüse und Kräuter zunächst einmal als schöne Pflanzen, die sich auch in der Küche verwenden lassen, die viele Vitamine enthalten. Und bei denen Sie sich darauf verlassen können, daß nur so viel Chemie im Spiel ist, wie Sie verwendet haben.

Bunte Kräutermischung frisch vom Balkon auf den Küchentisch

Selbst wenn Ihr Balkon riesig wäre, alles können Sie leider nicht anbauen. Sie müssen sich wohl oder übel beschränken. Ihr Lieblingsgemüse sollten Sie natürlich anbauen. Probleme werden Sie bei der Kultivierung von Wurzelgemüsen haben. Spargel und Möhren besorgen Sie sich doch lieber im Laden oder bauen es im Garten an. Bei der Auswahl der Kräuter sollten Sie vielleicht diejenigen wählen, die sonst nur schwer zu bekommen oder sehr teuer sind.

Reizvoll: Blumen und Gemüse

Grundsätzlich können Sie fast alles im Kasten oder Kübel ziehen. Es ist nur eine Frage des Platzes, der Pflege und der Besonnung. Falls Sie noch nicht den grünen „Gemüsedaumen" besitzen, sollten Sie mit Pflanzen beginnen, die leicht zu kultivieren sind. Hierzu gehören fast alle einjährigen **Kräuter, Radischen, Salat, Tomaten, Auberginen, Zucchini** und **Gurken**. Wer Obst, Gemüse und Kräuter auf dem Balkon anbaut, muß übrigens auf die bunten Farbkleckse von Blumen nicht verzichten. Petersilie und Stiefmütterchen zusammen in einen Kasten gepflanzt, ergeben ein reizvolles Bild. Geranien oben im Kasten, Erbsen und

Blühender Schnittlauch

Tomaten

Himbeeren

Erdbeeren

Bohnen am Balkongeländer ergänzen sich wunderbar und halten darüberhinaus die Blicke neugieriger Zeitgenossen ab. Benötigen Sie einen Sonnenschutz? Warum pflanzen Sie nicht einen Weinstock, der in kurzer Zeit die gespannten Drähte oder das Spalier erobert und Schatten in der Sommerhitze spendet.

Leider ist nicht jeder Balkon, jede Terrasse ideal für den Anbau von Nutzpflanzen. Nur wenig Möglichkeiten bietet eine Nordlage, während alle anderen Himmelsrichtungen gute Voraussetzungen geben. Die meisten Nutzpflanzen benötigen schon etwas Sonne. Lassen Sie sich jedoch als Besitzer eines Nordbalkons nicht entmutigen, versuchen Sie es trotzdem, manchmal stellen sich überraschende Erfolge ein.

Aus Samen selbst gezogen

Teuer ist diese Art von Balkongärtnern nicht. Fast alle Pflanzen können Sie aus Samen ziehen. Und so ein Samentütchen kostet in der Regel nicht mehr als ein bis zwei Mark und enthält meistens so viele Samen, daß sie gar nicht alle Pflanzen unterbringen können. Für dieses kleine Problem gibt es allerdings eine Lösung. Tun Sie sich einfach mit einigen Balkongärtnern zusammen. Jeder sät dann nur eine Sorte aus. Sind die Pflänzchen dann groß genug, tauschen Sie einfach untereinander aus. Wenn Sie Obstpflanzen kaufen wollen, müssen Sie schon etwas mehr Geld investieren. Nur Erdbeeren sind günstig zu erstehen. Für einen Beerenstrauch müssen Sie allerdings schon zehn bis fünfzehn Mark anlegen. Dafür reicht hier oft schon eine einzige Pflanze aus. Pflanzensamen zu kaufen ist kein Problem. Ab März finden Sie in vielen Geschäften Verkaufsstände mit einem großen Angebot an Pflanzensamen für Kräuter und Gemüse. Selbstgezogenen Samen sollten Sie nicht verwenden, er ist in der Regel nicht sortenrein, eine Enttäuschung bleibt nicht aus.

Wein am Spalier

Kräuter, Gemüse und Obst

Einfach zu haltende Nutzpflanzen für den Südbalkon sind Kräuter wie **Bohnenkraut, Dill, Fenchel, Lavendel, Rosmarin** und **Salbei**. An Gemüsepflanzen haben sich Sonnenanbeter wie **Aubergine, Gurke, Kürbis, Melone** und **Tomate** bewährt. **Aprikosen, Brombeeren, Feigen, Pfirsiche, Weinreben** und alle **Citrusarten** sind die sonnenhungrigsten Arten unter den Obstgehölzen. Für Ost- und Westlagen haben sich **Basilikum, Estragon**, **Kresse, Schnittlauch** und **Petersilie** als geeignet erwiesen. Viele **Kohlsorten** sowie **Erbsen, Radieschen, Salat, Spinat** und **Zwiebeln** sind die Gemüsevertreter, die hier besonders gut gedeihen. Heimisches Kernobst, wie **Apfel** und **Birne**, aber auch viele Beeren, wie **Erdbeere, Johannisbeere** und **Stachelbeere,** sind mit dieser Lage zufrieden. Die Auswahl für die Nordlage ist leider geringer. Mit dieser sonnenlosen Hausseite sind jedoch **Zitronenmelisse, Kartoffel, Sauerampfer** und **Schnittsalat** zufrieden. **Basilikum, Estragon, Rosmarin** und **Salbei** liefern auch im Winter, wenn Sie die Gefäße mit ihren Bewohnern rechtzeitig ins Haus geräumt haben, frische Kräuter.

Stimmungsvoll von Januar bis Dezember

Hamamelis

Christrose

Christrose

Stimmungsvolle Bilder haben Balkon und Terrasse zu jeder Jahreszeit zu bieten. Natürlich sind die Monate von April bis in den Oktober hinein die Monate, in denen Sie das „Grüne Zimmer" am häufigsten nutzen werden. Die klimatischen Verhältnisse zu dieser Jahreszeit geben eine Vielzahl von Möglichkeiten, Ihr „Freiluftzimmer" zu gestalten.

Es wäre doch ein trostloser Anblick, wenn in den weniger begünstigten Monaten Balkon und Terrasse verwaisen würden und Ihnen beim Blick aus dem Fenster leere Pflanzgefäße einen eintönigen Anblick bieten.

Der Winterbalkon

Die Möglichkeiten auch im Winter eine attraktive Bepflanzung auf dem Balkon zu haben, sind vielfältiger als man im ersten Moment denkt. Es müssen nicht immer prächtig blühende Gewächse sein, die den Charme der Oase am Haus ausmachen. Immergrüne Gehölze, Fruchtstände der verschiedensten Pflanzen, ständig grünende Bodendecker und Rankpflanzen und nicht zuletzt die bizarren Eis- und Schneekristalle an den Kastenbewohnern haben ebenfalls ihren besonderen Reiz.

Schon im Januar und Februar erfreuen uns die ersten Blüten der **Zaubernuß (Hamamelis)**. Selbst starke Fröste schaden den Blüten nicht. Da dieses Gehölz eine beträchtliche Größe erreichen kann, ist es weniger für den kleinen Balkon geeignet. In einen geräumigen Kübel gepflanzt, setzt es schon im Winter einen farbigen Akzent.

Nicht nur zu Weihnachten erfreuen die wächsernen Blüten der **Christrose**. Diese **Heleborus niger**-Züchtungen sorgen fast die gesamte kühle Jahreszeit über für blühende Akzente. Die Farbpalette dieser Winterblüher reicht von Weiß über verschiedene Rosatöne bis hin zu Violett. Besonders wirkungsvoll sind diese Pflanzen, wenn Sie einige Kiefern- oder Tannenzweigspitzen zu ihnen in die Erde stecken.

Immergrüne Pflanzen eignen sich hervorragend als Dauerbepflanzung. Ihren großen Auftritt haben sie im Winter, wenn nur wenig Blüten Balkon und Terrasse zieren. Ob es nun kleinwüchsige **Kiefern**, dunkelgrüner **Wacholder**, glänzende **Stechpalmenzweige** oder eine der vielen **Zypressen**-Sorten sind. Alle gewinnen an Schönheit, wenn sie von Schneehauben beckt sind oder glitzernde Eiskristalle auf ihren Blättern und Nadeln funkeln. Alle immergrünen Pflanzen müssen auch im Winter mit Gießwasser versorgt werden. Da sie ja Blätter und Nadeln behalten, verdunsten sie bei klarem, frostigen Wetter Feuchtigkeit.

Der Frühjahrsbalkon

Crocusse, Tulpen und **Narzissen** können Sie ebenfalls in Pflanzgefäßen kultivieren. Stecken Sie die Blumenzwiebeln, die im Herbst überall im Handel sind, einfach zwischen die vorhandenen Pflanzen in die Erde. Rechtzeitig zu Frühlingsbeginn öffnen diese Zwiebelgewächse dann ihre Blüten. Achten Sie beim Kauf der Blumenzwiebeln auf möglichst niedrig bleibende Sorten. Lücken zwischen der Dauerbepflanzung lassen sich gut mit ein- und zweijährigen Frühlingsblühern schließen.

Primeln in allen erdenklichen Farbnuancen und die den Gänseblümchen ähnlich sehenden **Bellis** setzen hier die richtigen farbigen Akzente.

Stiefmütterchen sollten Sie im Frühjahr auf keinen Fall vergessen. Sie sind die klassischen Frühlingsblüher, die auch einen längeren Frosteinbruch nicht übelnehmen.

Der Sommerbalkon

Im Sommer können Sie auf Balkon und Terrasse in Farben, Formen und Düften schwelgen. Fast alles ist im Sommer möglich - dem Balkongärtner sind in dieser Jahreszeit keine Grenzen gesetzt. Etwa eine gelungene Kombination aus rankender, blauer **Clematis** an der Hauswand und weißen **Margeriten**, roten **Geranien**, den sommerlichen Klassikern, und hängenden **Lobelien** im Kasten.

Der Herbstbalkon

Die ursprünglich aus dem Süden Afrikas stammende **Erika** übernimmt die Arbeit, wenn die Sommerblumen im Flor nachlassen oder erste Fröste ihnen den Garaus gemacht haben. Sie ist die ideale Herbstbepflanzung und läßt sich gut mit verschiedenen Chrysanthemen-Sorten arrangieren. Viele Züchtungen der heimischen Heide-Sorten lassen sich ebenfalls für die Gefäßbepflanzung verwenden. Sie überdauern mehrere Jahre im „Grünen Zimmer", sind immergrün und auch ein her-

Clematis

Wacholder

Erika

Auf den richtigen Topf kommt es an

1

2

1 Es gibt viele Möglichkeiten den Bewohnern von Balkon und Terrasse ein geeignetes Zuhause zu bieten. Angefangen vom ausgedienten **Gurkenfaß** oder **Kunststoffcontainer**, über alle möglichen im Handel erhältlichen Töpfe, Kästen und Kübel.

2 Lassen Sie Ihrer Phantasie freien Lauf und gestalten Sie Ihr Zimmer im Freien nach Herzenslust. Eine tolle Idee: Nehmen Sie Gefäße, die Sie im Urlaub gekauft haben, um ihren Pflanzen ein ausgefallenes Zuhause zu geben. Einen italienischen **Terracotta-Topf** etwa oder eine portugiesischen **Keramikschale**. Attraktiv wirken auch verzinkte Eimer als Pflanzgefäß.

3 Achten Sie jedoch ein wenig darauf, daß die Materialien miteinander harmonieren. Schönheit und Harmonie liegen in der Wiederholung. Nichts paßt besser zu einer klassischen Gartenbank aus Holz als ein Blümenkübel oder Kasten aus dem gleichen Material.

Ton- oder Kunststofftopf ?
Bei der Auswahl geeigneter Pflanzgefäße sind mehrere Kriterien zu berücksichtigen, die schließlich alle zusammen optimal Ihren Zweck

4

5

erfüllen sollen. Das scheint im ersten Moment zwar etwas hochgegriffen zu sein, macht aber dennoch einen Sinn, wenn es sich um große, dekorative und dementsprechend teure Gefäße mit wertvollen Pflanzen handelt. Von ihnen erwartet man nicht nur eine lange Lebensdauer, sondern auch eine gute Eignung als Dauerquartier für ihre Bewohner. Nicht immer werden alle Produkte diesen Ansprüchen gerecht; ein dekoratives Äußeres ist nicht immer gleichzusetzen mit Funktionstüchtigkeit. Deshalb sollten Sie beim Kauf solcher Gefäße in erster Linie die Zweckmäßigkeit im Auge behalten, denn schließlich läßt sich fast jedes Gefäß in einem Übertopf verstecken oder auf andere Art und Weise verschönern.

4, 5 Tongefäße sind porös, das heißt in beiden Richtungen durchlässig für Sauerstoff und Feuchtigkeit, die beide lebensnotwendig für die Pflanzen sind. Einige Pflanzen müssen in schwerer, lehmiger Erde kultiviert werden; in diesem Fall ist dem Tongefäß der Vorzug zu geben, da die Sauerstoffversorgung der Wurzeln durch die durchlässigen Gefäßwände gewährleistet ist. Ein weiterer Vorteil: Wenn Sie ein paar Tage wegfahren, können Sie Pflanzen in Tontöpfen in eine Wanne oder ein ähnliches Gefäß geben, das Sie zuvor mit feuchter Erde gefüllt haben. Der poröse Tontopf nimmt die Feuchtigkeit auf und versorgt so die Pflanze mit dem lebensnotwendigen Naß.

6 Kunststofftöpfe halten die Feuchtigkeit sehr lange, Sie brauchen also nur in größeren Intervallen zu gießen. Temperaturschwankungen im Pflanzsubstrat durch Verdunstungskälte treten nicht auf, da durch die Gefäßwände keine Verdunstung stattfinden kann. Junge

6

7

8

9

Pflanzen sollten also zunächst in einem Kunststofftopf kultiviert werden, Feuchtigkeitshaushalt und Temperatur sind konstanter. Ein weiterer Vorteil: Kunststofftöpfe sind bruchsicher und billiger.

7, 8, 9 Plastiktöpfe sind leider selten dekorativ, sie stören vielmehr oft das Erscheinungsbild der Pflanze. Aber wenn Sie die Plastiktöpfe in einen **attraktiven Übertopf** stellen, erfüllen sie ihren Zweck.

Repräsentative Pflanzgefäße
10 Wie Sie Balkon und Terrasse gestalten, hängt natürlich ganz von Ihrer persönlichen Vorliebe ab. Berücksichtigen sollten Sie jedoch, daß Pflanze und Pflanzgefäß eine optische Einheit bilden. Von daher ist es wichtig, diese beiden Faktoren aufeinander abzustimmen. Die Wirkung einer üppig blühenden Hortensie zum Beispiel wäre dahin, stünde sie in einem profanen Plastiktopf, dessen Farbe zudem noch mit der der Hortensie kollidiert. Versuchen Sie, sensibel zu sein für die Gestaltung mit Farben, Formen und Materialien.
Gerade Kübelpflanzen, die durch ihre dominierende Wirkung zum Blickpunkt werden, brauchen ein ansprechendes „Zuhause".

10

11

11 Seit Generationen haben sich Töpfe und Kübel aus **Ton** bewährt. Sie sind die Klassiker unter den Pflanzenbehausungen, passen eigentlich zu jeder Pflanze und lassen sich mit fast jeder Architektur und Möblierung kombinieren. Den besonderen Charme bekommen sie allerdings erst im Laufe der Jahre, wenn Ausblühungen von Moosen und mineralische Ablagerungen an den Gefäßwänden ihnen die typische Patina verleihen.

12 Blumenkübel aus **Marmor** oder anderen **Natursteinen** sind ebenfalls Klassiker. Diese Gefäße bestechen häufig schon ohne Bepflanzung, sind jedoch, mit einem passenden Pflanzenarrangement versehen, in ihrer Wirkung kaum zu übertreffen. Erschwinglicher sind industriell gefertigte Nachbildungen dieser Klassiker. Diese aus verschiedenen Steinmehlen hergestellten Imitationen sind witterungsbeständig und auf den ersten Blick kaum von ihren handgefertigten Originalen zu unterscheiden.

13 Alle Sommerblumen und Kübelpflanzen lassen sich ebenso gut in verschiedenen **Körben** unterbringen. Verwenden Sie den Korb nur als Übertopf. Auf kleine Holzklötz-

12

13

14

15

chen gestellt und im Inneren mit einem Untersetzer versehen, wird die Nässe von den Wurzeln ferngehalten und der Pflanze damit ein langes Leben gewährleistet. Eine empfehlenswerte Lösung - nicht nur für den kleineren Geldbeutel.

Balkonkästen

Was wäre ein Balkongeländer oder die Ummauerung der Terrasse ohne den altbewährten Balkonkasten? Ob aus Ton, Holz, Kunststoff oder Metall gefertigt: für jeden Gestaltungsstil ist mit Sicherheit der richtige Kasten zu finden.

14 Wahre Blütenwunder lassen sich in einem Balkonkasten zaubern und verwandeln so Geländer und Mauern in ein Blütenmeer. Gerade für den kleineren Balkon ist die Kastenbepflanzung ideal.

15 An der Außenseite des Balkongeländers befestigt, beansprucht der Kasten so gut wie keinen Platz. Im Handel sind verschiedene Halter für die Balkonkästen erhältlich. Am vorteilhaftesten sind verstellbare Träger, die immer paarweise verkauft werden. Diese Halter passen praktisch an jedes Geländer. Vorsichtshalber sollten Sie die Maße dabei haben.

Blumenampeln

16 **Ampeln** und **Hängekörbe** sind etwas komplizierter zu handhaben als feststehende Gefäße. Einmal müssen sie bei der Aufhängevor- richtung das Gewicht des Gefäßes berücksichtigen, dann sollten Sie daran denken, daß hängende Kör- be und Ampeln mehr Wasser ver- dunsten. Sie müssen also häufiger gießen. Gleichzeitig heißt es aber auch, mit der Gießkanne vorsichtig umzugehen, damit kein Wasser auf Boden, Möbel oder Bücher tropft. Bei der **Auswahl der Pflanzen** müssen Sie folgendes beachten: Kleine Pflanzen mit aufrechtem Wuchs sind ungeeignet, sie kom- men oben in der Hängeampel kaum zur Geltung. Wählen Sie besser Arten und Sorten mit brei- tem, hängendem Wuchs, langen Trieben und Blütenstielen. Besonders geeignete Sommer- blüher: die hängenden Sorten von **Fuchsien, Lobelien, Begonien** und **Geranien.** Etwas ausgefalle- ner wirken Kombinationen von **Obst-** und **Gemüsepflanzen,** vielleicht kombiniert mit bunten **einjährigen Sommerblumen.** Erdbeerpflanzen, mit weißblühen- den Geranien arrangiert, ergeben ein schönes Bild und verführen hin und wieder zum Naschen.

16

Manche Pflanzen wollen hoch hinaus

Rankhilfe als gestalterisches Element

Wenn es um die Begrünung von Balkon und Terrasse geht, spielen Kletterpflanzen eine große Rolle. Ein- und mehrjährige Kletterer sind gleichgut geeignet, um Wand und Balkongeländer zu verschönern oder Ihre „Grüne Insel" vor neugierigen Blicken zu schützen.

Kletterpflanzen winden sich da hoch, wo sie ausreichend Halt finden. Entweder klammern sie sich mit Hilfe von kleinen Rankhilfen fest oder sie saugen sich mit kleinen Haftpunkten an. Die meisten dieser Pflanzen brauchen aber sog. **Kletterhilfen**, also Spaliere, Stäbe, Blumengitter, an denen sie Halt finden, um ihre Blüten und Früchte zu tragen. Es sei denn, Sie bevorzugen Pflanzen wie **Efeu** oder **Wilden Wein**, die sich mit Hilfe ihrer Haftwurzeln an fast jedem Untergrund festhalten können.

Eine Rankhilfe hat nicht nur eine praktische Funktion. Sie wird gleichfalls als gestalterisches Mittel eingesetzt und kann den Charakter Ihres Hauses erheblich verändern. Was die Wände für eine Wohnung oder ein Haus sind, sind **Pergola** und **Traillage** für das Zimmer im Grünen. Sie bestimmen den Rahmen von Balkon und Terrasse und

Eine satt-grüne Berankung ändert den Charakter eines ganzen Hauses

Wirkungsvoll: eine dicht bewachsene Pergola

Der Blauregen (Wisteria) trägt von Mai bis Juni lange Blütentrauben

sind die wirkungsvollsten Elemente bei der Gestaltung. Da diese Klettergerüste fest montiert und somit für einen jahrelangen Gebrauch bestimmt sind, lassen sich hier besonders gut die Gehölze unter den Kletterpflanzen kultivieren (s. Kapitel »Arbeitsanleitungen«, Seite 70). **Weinreben** oder der **Blauregen (Wisteria)** und nicht zuletzt die verschiedenen Züchtungen der **Clematis (Waldrebe)** finden hier optimale Bedingungen.

Weniger aufwendig sind Rankgerüste aus **Holzlatten** oder **Metallschienen**. Sie lassen sich in beliebiger Form und Größe an einer Wand montieren. Eine wenig ansehnliche Fassade können Sie so gut verstecken.

Spaliere für Kletterer wie **Rosen, Brombeeren** und andere Kletterer gibt es im Fachhandel, zum Teil aus Recycling-PVC. Diese Gitter werden einfach in den Blumenkasten gesteckt und können überall frei aufgestellt werden.

Wenn Sie schnell eine größere Fläche bewachsen lassen möchten, greifen Sie am besten zu **einjährigen Kletterpflanzen**, die bis zu 4 Meter hoch werden. Zum Beispiel die **Teppichwinde (Convolvulus tricolor)**, die am Gerüst 3 - 4 m hoch wächst. Die **Prunkwinde (Ipomoea tricolor)** rankt schnell bis zu 4 m hoch und blüht leuchtend blau, rot oder weiß. Stark wächst auch die **Feuerbohne (Phasaeolus coccineus)** in weiß und rot. Purpurrot, lila und weiß wächst die **Asarine (Asarina barclaiana)** bis zu 3 m. Die **Glockenrebe (Cobaea scandens)** schickt ihre bläulich-violetten Glockenblüten 2 bis 3 m nach oben. Die **Kapuzinerkresse (Tropaelum majus)** erreicht bis 2 m, ist robust und blüht in voller Sonne stärker.

Die einfachste Möglichkeit diesen einjährigen Kletterern Halt zu geben besteht darin, Schnüre oder Drähte von einem Punkt zum anderen zu spannen. Einjährige Kletter- und Schlingpflanzen finden für eine Saison ihre Kletterhilfe.

Unter den **mehrjährigen Kletterpflanzen** ist der **Schlingenknöterich (Polygonum)** ein wahrer Klettermaxe: Er wächst pro Jahr 3 bis 5 m und überwuchert schnell Mauern, Zäune und Pergolen: Nicht umsonst hat er den Beinamen „Architektentrost".

Problemlos lassen sich Rankgerüste auch in großen Kübeln montieren

Auf die Dosierung kommt es an

Gerade während der Urlaubszeit oder wenn man mal über ein verlängertes Wochenende verreist, gibt es Probleme mit der Bewässerung der Pflanzen auf Balkon oder Terrasse. Und nicht immer stehen hilfreiche Nachbarn, Freunde oder Verwandte mit der Gießkanne bewaffnet „Gewehr bei Fuß". Gärtner und die Industrie haben sich darüber Gedanken gemacht und eine Reihe von Geräten zur automatischen Bewässerung von Kübeln und Kästen entwickelt.

Der Wasserverbrauch

Pflanzen in einem Balkonkasten von 1 m Länge und etwa 20 cm Breite brauchen bei trockenem, sonnigen Wetter im Durchschnitt vier Liter Wasser pro Tag. An heißen, windigen Sonnentagen kann sich der Verbrauch sogar verdoppeln! Da bietet es sich durchaus an, über Alternativen zur Gießkanne nachzudenken und sich im Fachhandel zu orientieren:

1 Blumenkästen mit **Vorratsbehältern** sind eine relativ günstige Anschaffung. Die verschiedenen Ausführungen arbeiten alle nach einem ähnlichen Prinzip: Sie haben einen Zwischenboden, der die Erde vom darunterliegenden

Wasserspeicher trennt. Die Wasserversorgung erfolgt also von unten, d.h. die Zufuhr des Wassers ist fester Bestandteil des Kastens.

2 Über Saugdochte wird das Wasser aus dem Speicher in die Erde gezogen - natürlich nur dann, wenn Sie nicht vergessen, das Vorratsgefäß regelmäßig zu füllen!

3, 4 Die Wasserversorgung von oben, die sog. **Tröpfchenbewässerung**: Dabei führt entweder ein Verteilerschlauch über den Kasten, der nach und nach regelmäßig dosiert Gießwasser abgibt. Es gibt solche Geräte auch über eine Zeitschaltuhr geregelt. Ähnlich funktioniert die Bewässerung mit einem **Tensiometer** (Bilder), einem porösen Keramikkörper, der die Feuchtigkeit im Boden mißt und, bei Bedarf oder über eine Schaltuhr geregelt, ausreichend Wasser zuführt. Nachteil dieser Bewässerungsart: Sie brauchen auf Balkon oder Terrasse Wasser- und Stromanschluß, müssen Schläuche und Leitungen verlegen. **Wichtig:** Im Winter und bei Frostgefahr müssen diese Anlagen abgebaut werden, da die empfindlichen Tensiometer, Ventile und Schaltgeräte sonst zerstört werden könnten.

3

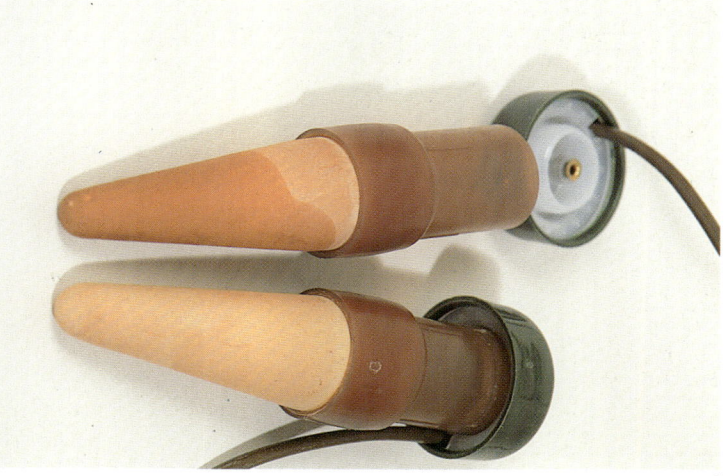

4

Regenwasser zum Gießen

Was früher an jedem Haus eine Selbstverständlichkeit war, ist heute leider vielfach in Vergessenheit geraten: die gute alte Regentonne für die Gartenbewässerung und das Blumengießen.

1-2 Es stehen verschiedene Anschlußsysteme für die Verbindung zum vom Dach kommenden Fallrohr zur Verfügung. Es empfiehlt sich, nach längeren Trockenzeiten das erste Regenwasser in den Kanal fließen zu lassen. Dieser sogenannte Erstverwurf verhindert, daß die auf der Dachfläche abgelagerten Schmutz- und Schadstoffe in die Tonne gelangen. Gerade bei kleineren Behältern von 150 bis 200 Litern Fassungsvermögen ist diese Vorsichtsmaßnahme besonders wichtig. Ist die Regentonne nämlich weitgehend leer, würde sie durch den ersten stärkeren Regenguß auf eine größere Dachfläche bereits vollständig gefüllt – alle Schadstoffe vom Dach würden aufgefangen und das später nachfließende, wesentlich reinere Wasser verschwände ungenutzt durch den Überlauf im Kanal.

3 Um Lichteinfall und damit verbundenes Algenwachstum zu verhindern, sollte eine Regentonne nach Möglichkeit abgedeckt wer-

1

2

3

4

5

den. Es gibt im Handel erhältliche Deckel, die eine Aussparung zur Einführung des Regenrohres aufweisen.

4-5 Weiteres sinnvolles Zubehör sind Überlaufgarnitur und Auslaufhahn. Für den Betrieb mit dem praktischen Zapfhahn muß die Regentonne allerdings meist erhöht auf einen geeigneten Unterbau plaziert werden, damit man Eimer und Gießkannen unterstellen kann. Mit Verbindungselementen lassen sich mehrere Regentonnen zu einer Batterie ausbauen und ergeben so beliebig große Wasser-

speicher. Das funktioniert nach dem Prinzip der kommunizierenden Röhren, der Wasserstand bleibt in allen Gefäßen immer gleich hoch.

Nach dem gleichen physikalischen Grundprinzip lassen sich Regentonnen unmittelbar an der Dachrinne aufstellen, sie können jedoch genausogut durch spezielle Regenfallrohreinsätze und Anschlußschlauch an weiter entfernten Stellen aufgestellt werden. Nicht zuletzt lassen sich Regentonnen sowohl mit elektrischen Pumpen als auch mit Handschwengelpumpen kombinieren.

Das paßt gut zusammen

Traum in Weiß: Wie Lichtpunkte leuchten die vielen kleinen Blütenköpfe der **Margeriten**. Üppig blühen vor allem niedrige Sorten, z.B. kombiniert mit weißen **Kapkörbchen**. Beide Pflanzen sind gut geeignet für Balkone mit viel Wind, dürfen aber nie zuviel gegossen werden.

Duftecke: Der wohlriechende **Mottenkönig** ist mit seinem weißgrünen Laub eine der schönsten duftenden Blattpflanzen für Balkonkästen. Die **Kapuzinerkresse** gehört zu den Kletterpflanzen, macht sich aber genausogut als Hängepflanze. Sind die Kresseblüten verwelkt, können Sie daraus Samen ernten.

Sonnenfans: Wer es bunt liebt, pflanzt gelbe **Rudbeckien** und **Ringelblumen**, leuchtendrote **Geranien**, zartlila **Winden**, tiefviolette **Petunien**. Alle passen gut zusammen. Sie brauchen viel Sonne (am besten Südbalkon), nährstoffreiche Erde und häufiges Gießen.

Kontraste: Als Mittelpunkt die gelbe Blütenkugel der **Lysimachia**, die dicht und buschig wächst. Links und rechts setzen Sie **Blaue Mauritius** (Blüte von Mai bis August) und **Portulak-Röschen**. Die unterschiedlichen Wuchsformen sorgen für einen schönen Kontrast. Verblühte Triebe immer zurückschneiden. Dann dauert die Blüte besonders lange.

Fuchsien

Rosengarten: Winzig, aber wunderschön sind **Zwergrosen**, die extra für Balkonkästen gezüchtet wurden. Schön in der Kombination mit einem **Rosenbäumchen**. Es gibt sie in allen Farben von Weiß über Gelb bis hin zum tiefen Rot. Im großen Pflanzgefäß wachsen sie besonders üppig. Auf einem Südbalkon bekommen sie besonders viele Blüten. Wenn Sie gut gießen und alle zwei Wochen düngen, blühen die Rosen den ganzen Sommer über.

Schattenkinder: Auch für Nordbalkone gibt es Blütenpflanzen. **Fuchsien, Begonien** und **Fleißige Lieschen** kommen mit wenig Licht aus. Alle drei sind mehrjährig. Voraussetzung ist ein kühler, aber frostfreier Rastplatz im Winter.

Ton in Ton: Alle Pflanzen in nur einer Blütenfarbe, aber mit unterschiedlichen Blütenformen - das sieht edel aus. Zum Beispiel in zartem Rosa mit den duftenden Sternchenblüten von **Ziertabak**, den dahlienähnlichen **Zinnien** und den Doldenblüten der **Verbenen**. Aber: Sie brauchen viel Sonne.

TIP: Richtig kombinieren müssen Sie schon, denn nicht alles verträgt sich. Alle auffälligen Pflanzen, die durch Wuchsform, Farbe und Blütenfülle hervorstechen - wie etwa **Begonien, Geranien, Petunien, Ringelblume** -, brauchen „Untermieter". Das sind eher unauffällige Pflanzen, die für Fülle sorgen, z. B. **Gänseblümchen, Leberbalsam, Harfenstrauch, Lobelien.**

Die wichtigsten Werkzeuge

Um erfolgreich auf Balkon und Terrasse zu gärtnern, benötigen Sie nur einige wenige Hilfsmittel. Gießkanne, Harke und Spaten im Miniformat sowie Gartenhandschuhe reichen völlig. Wenn Sie aber mehr machen möchten, also z.B. selbst Rankgerüste bauen oder einen kleinen Wassergarten anlegen wollen, brauchen Sie schon einiges an Heimwerker-Werkzeug. Was, das lesen Sie auf der nächsten Seite.

Auf diesen beiden Seiten finden Sie Kurzbeschreibungen der wichtigsten Werkzeuge, die Sie benötigen, um selbst Balkon- und Terrassengärten gestalten zu können. Welche Werkzeuge Sie für die einzelnen Arbeitsgänge und Arbeitsabläufe brauchen, ersehen Sie aus den Abbildungen unter der Rubrik »Werkzeuge«, die im Kasten bei den jeweiligen Arbeitsanleitungen stehen.

Werkzeuge für Pflege und Pflanzung

1 Spaten: Zum Ausheben von Pflanzlöchern und zum Befüllen größerer Kübel und Kästen.

2 Kleine Spitzhacke: Zum Lockern der Pflanzerde, besonders dann, wenn die Erde im Herbst oder Winter trocken ist.

3 Pflanzschaufel: Für das Pflanzen von Stauden und Zwiebeln geeignet. Auch zum Einpflanzen ganz nützlich.

4 Baumschere: Zum Gehölzschnitt und zum Säubern bzw. Auslichten von Stauden.

5 Sichel: Ist ein nützliches Hilfsmittel, wenn Sie kleinere Flächen mit Gras vor ihrer Terrasse haben, die mit dem Rasenmäher nicht zu erreichen sind.

6 Gießkanne: Damit können Sie problemlos Ihre Balkonkästen, Pflanzkübel und -tröge wässern und, mit dem Sprenkleraufsatz, auch einmal fein übersprühen.

7 Arbeitshandschuhe: Schützen die Hände beim Tragen von kantigen Kübeln und Kästen vor Verletzungen.

8 Schubkarre: Ideal, um Erde, Dünger oder auch schwere Balkon- und Kübelpflanzen zu transportieren.

9 Rückenspritze: Nicht unbedingt nötig, hilft aber, bei großflächigen Rankern (z.B. an der Fassade) Flüssigdünger auszubringen.

Werkzeuge zum Messen und Ausrichten

10 Meterstab: 2 m lang, zum Abmessen von Längen.

11 Maßband: Erleichtert das Messen längerer Strecken.

12 Wasserwaage: Unerläßlich, um die Horizontale bzw. Vertikale festzulegen (z.B. bei der Montage von Rankgittern).

13 Richtschnur: Zum Festlegen von Fluchten und Höhen bei Montage von Lattengerüsten, Rankhilfen etc.

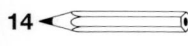

14 Bleistift: Zum Anzeichnen von Meßpunkten.

Werkzeuge zum Bohren, Sägen und Befestigen

15 Bohrmaschine: Am besten geeignet ist eine Bohrmaschine mit Schlagbohreinrichtung zum Bohren in Mauerwerk und Beton. Wichtig ist ein rechts- und ein linksdrehender Lauf für Schraubarbeiten. Für Arbeiten auf der Leiter ist ein Akku-Bohrschrauber zu empfehlen, da keine Kabel stören.

16 Schraubenzieher: Zum Anziehen und Lösen von Schrauben.

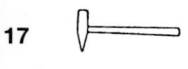

17 Hammer: Benötigen Sie zum Festklopfen von Nägeln.

18 Beißzange: Zum Abzwicken von Blumen- oder Spanndraht.

19 Fuchsschwanz: Zum Zuschneiden aller Arten von Holz.

20 Eisensäge: Zum Absägen von Alu, Metall und auch Kunststoff gut geeignet.

21 Schere: Zum Zuschneiden von Folien und Vliesen. Als Allzweckschneider unentbehrlich.

22 Kabeltrommel: Sollte für den Außenbereich geeignet sein und 50 m Kabel führen.

Sonstige Hilfsmittel

23 Leiter: Am sichersten sind Alu-Leitern. Für größere Arbeitshöhen können Sie Leitern auch ausleihen (Branchenbuch).

24 Eimer: Für den Materialtransport, z.B. durchs Haus.

25 Seil: Zum Hochziehen von Eimern auf den Balkon.

26 Winkelmaß: Zum Ausrichten von Spalieren, Belagsecken und ähnlichem.

27 Steinbohrer: Für Bohrungen im Mauerwerk.

28 Schnur: Brauchen Sie zum exakten Setzen von Platten und Ziehen von Höhenschnüren.

Hier geht's aufwärts

1 Spaliere bauen Sie am besten aus Holz oder Draht. Verwenden Sie gehobelte, kesseldruckimprägnierte **Dachlatten** im Querschnitt von 24 x 48 mm. Als **Abstandhalter** schneiden Sie einfach mit der Säge kleine Stücke von vielleicht 5 cm Länge ab. Sie können aber auch ein Stück Alurohr verwenden, daß Sie zwischen Spalier und Wand über die Bolzenschraube stecken.

Markieren Sie die Eckpunkte des Spaliers auf die Hauswand. Die Latten und Abstandhalter sollten Sie bereits am Boden vorbohren. Diese Bohrungen können Sie dann gleich als Schablone verwenden, wenn Sie die Löcher in die Hauswand bohren. Die Abstandhalter sollten immer zwischen den späteren Querlatten und nicht mehr als 1,5 m auseinander liegen. Für die Bohrungen verwenden Sie einen Bohrer mit einem 1mm größeren Durchmesser als die Bolzenschrauben, mit denen Sie die Latten befestigen wollen.

Befestigen Sie erst die **senkrechten Latten**. Mit der Wasserwaage ausrichten! Wenn Sie oben anfangen, erleichtern Sie sich die Sache. Vorsicht oben auf der Leiter. Ein Helfer sollte Sie sichern! Sind die senkrechten Latten befestigt, schrauben Sie in den vorgesehenen Abständen die **Querlatten** auf. Mit einer Akku-Bohrmaschine, Kreuzschlitz-Einsatz und Spax-Schrauben tun Sie sich am leichtes-

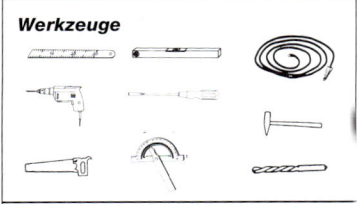

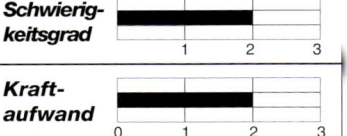

Material

Dachlatten (24 x 48 mm) eventuell druckimprägniert, Spanndraht, Bolzenschrauben, Dübel, Beilagscheiben, Spaxschrauben, Nägel

Werkzeuge

Schwierigkeitsgrad			
	1	2	3

Kraftaufwand			
0	1	2	3

Arbeitszeit

Pro Quadratmeter müssen Sie mit einem Zeitaufwand von etwa einer halben Stunde rechnen

Ersparnis

Pro Quadratmeter sparen Sie beim Selbermachen rund 25 Mark

sten, da sich keine Kabel verheddern können und Sie einen kräftigen „Biß" im Schrauber haben. Auch hier gilt: Die Latte erst an einer Ecke befestigen, dann mit der **Wasserwaage** ausrichten, danach an der anderen Ecke anschrauben. Erst wenn alle Latten so fixiert sind, verschrauben Sie die Querlatten mit den senkrechten an allen Kreuzungspunkten.

Kleinere Spaliere, die nicht gleich eine ganze Hauswand bedecken, können Sie auch ebenerdig zusammenbauen (rechte Winkel beachten!) und dann mit einem Helfer an die Wand schrauben.

2 Relativ einfach selbst zu bauen ist auch dieses Spalier aus **grobmaschigem Drahtgitter**. Dazu brauchen Sie 2 **Rundholzstäbe** in der gewünschten Breite, ein Stück grobmaschiges **Drahtgeflecht, Krampen** zum Befestigen des Gitters an den Rundstäben und vier **Schraubhaken** mit einem Innendurchmesser, der dem Durchmesser der Rundstäbe entspricht. Dieses Spalier können Sie oben an einer Pergola oder an der Unterseite des Balkons (hier unbedingt mit Dübeln) befestigen. Unten brauchen Sie entweder sehr lange

2

Schrauben, die sie ganz einfach in den Boden stecken, oder sie zweckentfremden Zeltheringe.

Pflanzen am **Rundbogen** liegen im Trend. Mitmachen können auch Balkongärtner: Links und rechts einen stabilen **Runddraht** in den Kasten stecken, in der Mitte mit einem **Holzstab** unterstützen. An so einem Bogen rankt dann z.B. eine Passionsblume, unten könnten Petunien wachsen, Geranien oder der Mottenkönig.

3 Ist das Spalier fertig, können Sie mit dem Pflanzen beginnen. Egal,

welche Form Sie gewählt haben, die klassische, rechteckige Variante oder das Rautenmuster: Beim Bepflanzen sollten Sie auch daran denken, den Boden zu verbessern. Mindestens zwei Spaten breit und zwei Spaten tief sollte das Pflanzloch sein. Die Größe des Wurzelballens ist dabei natürlich zu berücksichtigen. **Kompost** untermischen (oder gleich Komposterde verwenden) und eine Portion **Dauerdünger** zugeben - der Zusatz »cote« deutet immer auf einen Langzeitdünger hin - und schon haben Sie für Ihre Pflanzen alles bestens vorbereitet.

Fertige Produkte

4 Ein Spalier zum Festhalten brauchen die allermeisten Kletterpflanzen. Wenn Ihnen der Aufwand zu groß ist, selbst eines zu bauen, können Sie im Gartenfachgeschäft oder bei Baumärkten fündig werden. **Fertige Spaliere**, die Sie z.B. direkt in die 1m breiten Balkonkästen stecken können, sind meist aus PVC, oft auch aus Holz, und ca. 170 cm hoch. Etwas größere Gestelle gibt es aus Holz, freistehend, zwischen 1,80 und 2 m breit und ebenso hoch (s. Zeichnung). Die Pflanze wird einfach davor in Topf oder Kübel gesetzt.

3

4

Eine Terrasse wird zur Laube

Mit Sicherheit für Mieter interessant ist folgende sehr einfache Möglichkeit, eine Terrasse in eine Laube zu verwandeln, ohne allzu große Eingriffe in die Bausubstanz durchführen zu müssen. Schnellwachsende Kletterpflanzen, wie etwa Knöterich, Clematis oder Hopfen eignen sich ganz besonders. Die lassen Sie einfach vom Pflanzbeet vor der Terrasse zum Balkon hinaufranken.

Oben am Balkon werden etwa im Abstand von 40 cm **Löcher** gebohrt (ins Holz oder in den Beton). In diese Löcher schrauben Sie **Ringschrauben** (bei Beton erst Dübel setzen!).

Im Pflanzbeet vor der Terrasse verfahren Sie so: Mit einem Hammer oder Vorschlaghammer schlagen Sie an jedem Fußpunkt im gleichen Abstand einen **Holzpflock** schräg in die Erde. Im oberen Bereich müssen sie eine Kerbe hineinsägen, damit der Spanndraht Halt bekommt. Ein **Drahtstück** wickeln Sie um die Kerbe, schlagen dann den Pflock weiter in das Erdreich, bis er etwa noch 5 cm herausschaut. Auch in den Ösen oben am Balkon wird je ein Drahtstück befestigt.

Zwischen die beiden Drahtstücke montieren Sie einen **Drahtspanner**. Mit einigen Umdrehungen mit einem Gabelschlüssel oder einer Flachzange können Sie den Draht gut spannen, und auch später immer wieder einmal nachziehen.

Am Fuß der Drahtstreben heben Sie jeweils ein 40 x 40 cm großes Loch aus, das etwa auch 40 cm tief sein sollte (Faustregel: das 1,5 - 2fache des Topfballens).

Hier hinein setzen Sie zuerst die **Kletterpflanze**. Und zwar etwa in dem Winkel, in dem der Draht zum Balkon hinauf läuft. Besonders wichtig bei Clematis! Dann kann die Pflanze gleich richtig nach oben wachsen. Zum Schluß pflanzen Sie rund um die Kletterpflanzen **Beetstauden**, wie z.B. Astern, Iris, Margariten, Katzenminze, Lampenputzergras. Den Boden können Sie verbessern, indem Sie unter die Erde (Rinden-)Kompost mischen. Große Steine sollten Sie entfernen.

Für farbliche Akzente sorgen **Zwiebelpflanzen**, z.B. Krokusse, Schneeglöckchen etc. Eben alles, was schon früh blüht. Im Frühjahr, Sommer und Herbst können Sie durch unterschiedliche Bepflanzung von Balkonkästen und Kübeln ganz verschiedene Farbkombinationen schaffen.

Wichtig: Machen Sie sich, bevor Sie mit der Arbeit beginnen, eine genaue Skizze.

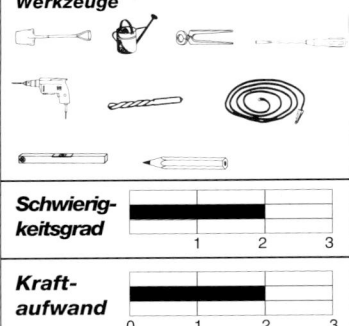

Material

Ringschrauben, Holzpflöcke, Spanndraht, Drahtspanner, verschiedene Pflanzen

Werkzeuge

Schwierig-keitsgrad			
	1	2	3

Kraft-aufwand			
0	1	2	3

Arbeitszeit

Um Ihre Terrasse wie beschrieben in eine Laube zu verwandeln, benötigen Sie 4 bis 6 Stunden

Ersparnis

Durch die Eigenleistung sparen Sie an die 500 Mark. Eine Holz-Pergola würde ca. 1500 Mark kosten

Mit einfachen Tricks zu üppigem Grün

Die Balkon-Plantage

Ein Apfelbaum auf dem Balkon oder der Terrasse? Unmöglich, meinen Sie? Nein. Es kommt lediglich darauf an, welche Sorte sie anziehen und wie Sie mit dem Baum umgehen. Für den Balkon- oder Terrasengarten besonders geeignet sind sog. **Niederstamm-Ap-**

Material

Bast zum Fixieren, Blumendraht; Plastiktöpfe mit Sand gefüllt, um die Äste zu „erziehen".

Werkzeuge

Schwierig-keitsgrad			
	1	2	3

Kraft-aufwand			
0	1	2	3

Arbeitszeit

Mit etwas Geschick brauchen Sie pro Baum etwa eine halbe Stunde Für eine Fassade ca. 4 Stunden

Ersparnis

Für eine Gärtnerstunde müssen Sie je nach Region zwischen 40 und 80 Mark rechnen. Das sparen Sie ein.

Spalierobst: Plantage auf kleinstem Raum

felbäume. Bis der Baum allerdings so kräftig trägt wie auf dem Bild (links), gehen mindestens zwei bis drei Jahre ins Land.

Der Pflanzschnitt

Kaufen Sie, am besten in der Baumschule, einen sog. **Stammbusch**. Vor dem Pflanzen schneiden Sie mit der Gartenschere die Wurzeln an, treten dann den Boden im Pflanzkübel gut an und wässern das junge Bäumchen ordentlich. Danach entfernen Sie mit der Gartenschere Konkurrenz- und Seitentriebe so, daß das letzte Auge jeweils nach außen schaut. Nach und nach können Sie die Äste am Spalier zu fixieren.

„Erziehung" im 2. und 3. Winter

Jetzt können Sie damit beginnen, die beiden **Seitenäste** waagrecht nach unten zu binden. Die **Leitäste** müssen Sie dazu bis direkt über eine Knospe zurückschneiden. Das regt das Wachstum des sog. **Fruchtholzes** an. Die beiden Äste sollten in etwa gleich lang sein, damit der Spalierbaum auch gleichmäßig wächst. Auch der Hauptstamm wird bis knapp 5 cm über die zweite Quersprosse des Spaliers zurückgeschnitten. Alle übrigen Triebe müssen Sie mit den Fingern herausbrechen. Das Spiel geht solange, bis Sie den Baum in die gewünschte Form gezogen haben. Die Äste werden jeweils an den Sprossen des Spaliers locker mit Bast o.ä. fixiert.

Der Baumschnitt

1 Jedes Bäumchen, das Sie auf Balkon oder Terrasse ziehen möchten, muß „erzogen", d.h. in Form gehalten werden.

2 Dazu müssen Sie immer wieder die (scharfe) Baumschere ansetzen und alle Nebentriebe entfernen.

3 Dann Konkurrenztrieb abschneiden (wie beim Obstbaumschnitt).

4 Eine schöne Form erreichen Sie, wenn Sie die Äste mit Gewichten in die richtige Richtung „erziehen".

Jetzt ist der „grüne Daumen" gefragt

In der Regel sind **Frühjahr** und **Herbst** die richtigen Jahreszeiten zum Pflanzen. Die Temperaturen sollten weder über 15 Grad liegen noch um den Gefrierpunkt. Sonst wachsen die Pflanzen nicht richtig an. Das gilt vor allem für Laubgehölze und Stauden ohne Ballen.

Material
Töpfe, Kästen, Kübel; Pflanzerden, Dünger; Blumenzwiebeln, Containerblumen

Werkzeuge

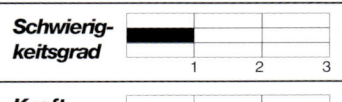

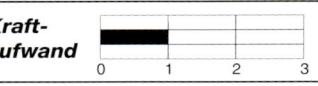

Schwierig-keitsgrad			
■	1	2	3

Kraft-aufwand			
0	■ 1	2	3

Arbeitszeit

Um einen Balkonkasten zu bepflanzen, brauchen Sie etwa eine halbe Stunde.

Ersparnis

Sie müssen nur Material bezahlen. Fertig bepflanzte Kübel und Kästen sind mind. 50 bis 60 teurer.

1

2

3

1 Bevor Sie mit dem Pflanzen beginnen, sind verschiedene Vorarbeiten zu leisten. Bei Gehölzen ohne Ballen müssen in der Regel die oberirdischen Triebe und auch die Wurzeln mit einer scharfen Gartenschere eingekürzt werden. Der **Wurzelschnitt** fördert die Entwicklung der feinen Haarwurzeln, die der Pflanze helfen, Nahrung und Wasser aufzunehmen. Ganz wichtig: Lange und beschädigte Wurzeln müssen Sie abschneiden. Von den oberen Teilen sollten Sie schwaches und beschädigtes Holz abschneiden. Die Triebe etwa um ein Drittel (bis zur Hälfte) einkürzen.

2 Achten Sie auf einen sauberen Schnitt und verwenden Sie immer nur wirklich scharfes Werkzeug. Eine Gartenschere, die mehr reißt und quetscht als schneidet, fügt der Pflanze leicht Schaden zu.

Container- und **Ballenware** ist wesentlich problemloser zu verarbeiten. Die Wurzeln müssen nicht geschnitten werden. Und auch ein Zurückschneiden der Triebe ist während der regulären Pflanzzeit im Frühjahr und Herbst nicht notwendig. Wollen Sie im Sommer pflanzen, müssen Sie die Triebe auf zwei Drittel bis zur Hälfte kürzen.

Stauden brauchen Sie in den meisten Fällen nicht zu schneiden. Lediglich bei Pflanzen, die im verhältnis zum Wurzelvolumen zuviele Blätter tragen, ist es empfehlenswert, die Blattmasse durch Schnitt zu reduzieren.

3 **Faustregel:** Die Pflanzen immer so tief einsetzen, daß die Wurzeln vollkommen vom Pflanzsubstrat, also der Pflanzerde, bedeckt werden. Bei **Rosen** beachten: Die Veredelungsstelle muß unter der Erde sitzen, die man nach dem Pflanzen anhäuft. Sind die Wurzeln durch den Transport ausgetrocknet, sollten Sie die Pflanzen vor dem Einsetzen kurz wässern.

4 **Blumenzwiebeln** kauft man im Herbst. Im Oktober können Sie mit dem Einsetzen beginnen. In die Blumenkästen kommt zuerst eine etwa 5 cm hohe Erdschicht. Darauf legen Sie die Blumenzwiebeln. Dicht an dicht, dann mit Erde bedecken und gut angießen. Zwiebeln aber nicht tiefer legen als auf der Packung angegeben. Zum Überwintern kommen die Kästen mit den Frühjahrsblühern an einen kühlen Ort, z.B. in die Garage, ins Gartenhäuschen oder in den Keller (wenn der nicht geheizt ist). Achten

4

Sie darauf, daß die Kästen mit den Zwiebeln nicht austrocknen. Anfang bis Mitte März werden die Zwiebeln ihre Triebe zeigen. Dann kommen die Kästen ins Freie.

Übrigens: Wenn Sie jetzt schon ein bißchen planen, blüht es im Frühjahr so bunt, wie Sie es möchten, z.B. rot, violett, gelb, wenn Sie **Primeln, Hyazinthen** und **Bellis** gemeinsam in den Kasten setzen.

Frühjahrsblumen

5 Ab März können Sie in Gartencentern und auch in Supermärkten aus einem breiten Angebot an Frühjahrsblühern wählen. Suchen Sie sich gleich die richtigen Farbkombinationen aus. Klassisch **Stiefmütterchen**. Die harmonieren auch gut mit den gelben **Pantoffelblumen**.

6 Weitere beliebte Frühjahrs- und Vorsommerblüher: **Vergißmeinnicht, Goldlack, Hornveilchen, Maßliebchen** und **Primeln.**

Selbst ansäen

Jeder ambitionierte Balkon- und Terrassengärtner wird über kurz oder lang Lust verspüren, seine Blumen auch selbst anzuziehen. Dazu bietet

5

7

der Fachhandel reichlich Ausrüstung. Zu zeitig allerdings sollten sie nicht beginnen. Die kurzen Tage und die noch geringe Lichtintensität kurz nach dem Winter hemmen die Pflanzen in ihrer Entwicklung.

7 Die ersten Aussaaten erfolgen in **Schalen, Kisten** oder **Töpfen**, oder in speziellen **Anzuchtbecken**. Diese Mini-Frühbeete gibt es auch beheizt. Das Pflanzsubstrat sollten Sie grob durchsieben. Am besten, Sie besorgen sich spezielle Anzuchterde.

8

8 Im Handel gibt es verschiedene Arten von **Saatgut** zu kaufen: **Normalsaatgut**, das weitgehend frei von verunreinigungen ist, **kalibriertes Saatgut**, das in einheitlicher Größe vorliegt, ideal, wenn Sie im Anzuchtkasten in Rillen aussäen möchten. **Pillensaatgut**; dabei sind die einzelnen Samenkörner mit einer Hülle umgeben und zu einheitlich großen Kugeln geformt. Dann gibt es noch das **Saatband**, auf dem die Samen bereits in den richtigen Abständen auf einem schmalen Papierband aufgebracht sind, das verrottet. Das Band wird einfach in die Saatrille gelegt, abgedeckt, angedrückt (am besten mit einem flachen Brett) und feuchtgehalten.

9 Sind die **Sämlinge** dann aus dem Keimblattstadium heraus, müssen sie pikiert werden, also einzeln, am besten in kleine Töpfe oder in sog. Pikierkisten gesetzt werden. Hier können die jungen Pflänzchen ihren eigenen Wurzelballen ausbilden. Die pikierten Pflanzen stellen Sie an einen hellen Platz.

10 Sind die Pflänzchen dann stark genug, werden sie entweder in Töpfe, Kästen oder auch Kübel gesetzt. Überhaupt kommen Sie ums Umtopfen nicht herum, wenn Sie sich mit der Anzucht beschäftigen: Wenn die Ballen dicht und filzig werden, wird es höchste Zeit. **Faustregel:** Zu Beginn der neuen Wachstumsperiode im Frühjahr in den nächstgrößeren Topf. Für Kübelpflanzen gilt: jüngere Pflanzen bekommen alle ein- bis zwei Jahre, ältere etwa alle vier bis fünf Jahre neue Erde.

9

10

Stoff und Grün gegen neugierige Blicke

1

Material

4,80 m Markisenstoff,
1,20 m breit;
24 Ösen mit 0,5 cm Ø, mit
Einsetzwerkzeug und Anleitung;
7 - 8 Rundholzstäbe mit 3 cm Ø,
Länge 1,30 m;
12 m Nylonkordel;
3 - 4 stabile Haken für die
Aufhängung;

Werkzeuge

Schwierig-keitsgrad		1	2	3

Kraft-aufwand	0	1	2	3

Arbeitszeit

Ganz nach Geschicklichkeit ist diese Markise an einem Samstag nachmittag zu bauen.

Ersparnis

Je nach Stoff sparen Sie im Gegersatz zu „professionellen" Markisen mindestens 200 - 300 Mark.

3

4

Nicht immer ist es wünschens-
wert, zuviel zu sehen. Man wird
dann auch selbst gesehen. Gerade
auf Balkon oder Terrasse wünscht
man sich oft seine uneinsehbare
Oase. Es gibt verschiedene Möglichkeiten, einen Sichtschutz zur
Straße oder zu den Nachbarn hin
zu schaffen, der - je nach Kon-
struktion - gleichzeitig Schatten
spenden kann.

1 Leider sind Balkone für gewöhn-
lich ungünstig geschnitten. Mit der
Wahl der Pflanzen und der Möblierung können Sie aber gut Architekt
spielen und ihr grünes Zimmer attraktiv gestalten. Als **Sichtschutz**
zu empfehlen ist ein Rankgitter aus
Holz oder Draht, das Sie nach Herzenslust überwuchern lassen können. Schnell und dicht wächst z.B.
Wilder Wein, der aber im Herbst
seine Blätter abwirft. **Efeu** braucht
etwas länger, hat aber den Vorteil,
daß er immergrün ist. Alle Schling-
und Kletterpflanzen (s.Seite 70,
„Rankgerüste selber bauen") eignen sich auch als Sichtschutz auf
Balkon und Terrasse.

2 Als **Sonnenschutz** können Sie
entweder ausladende Laubgehölze einsetzen, brauchen dafür aber
Platz. Sie sollten Pflanzen wählen,

die zur Not auch einige Zeit mit weniger Wasser auskommen. Ganz praktisch und relativ einfach herzustellen ist eine **Markise** zum Aufrollen, die sie sowohl am Balkon, als auch auf der Terrasse und an Pergolen verwenden können.

Markise „Marke Eigenbau"

Für eine Markise von 2,40 m Breite brauchen Sie 4,80 m Markisenstoff, der 1,2 m breit fällt. Dazu 24 Ösen, die Sie zusammen mit dem Einsetzwerkzeug kaufen können. Den Markisenstoff teilen sie in zwei gleiche Hälften von je 2,40 x 1,20 m. Die Webkanten brauchen Sie nicht zu säumen. An den Schnittkanten oben und unten steppen Sie je 2 ca. 5 cm breite Tunnels ab, in die später die Rundhölzer gesteckt werden. Etwa 1 cm vom Rand (an der Längskante) setzen Sie im Abstand von jeweils 30 cm pro Seite 6 Ösen. Die Enden der Rundhölzer durchbohren Sie mit einem Holzbohrer (Ø 4 mm) . Durch diese Löcher fädeln Sie jeweils 25 cm, durch die Ösen jeweils 2,50 m Nylonkordel. Dadurch lassen sich die Markisen miteinander verbinden, aufhängen, aufrollen und auch schrägstellen. In jeden Tunnel stecken Sie je einen Rundholzstab von 1,30 m Länge.

Dann brauchen Sie nur noch die Haken dort einschrauben bzw. eindübeln, wo Sie Ihre Markise aufhängen möchten. Sie können die oberen Querstäbe auch in Schraubhaken mit Ösen stecken (Innendurchmesser ca. 4 cm). Zum Schrägstellen nehmen Sie die übrigen Rundhölzer, deren untere Enden Sie in die Balkonkästen stecken können. Sie können dort aber auch eine zusätzliche Nylonkordel befestigen und die Markise zum Spannen im Boden befestigen bzw. am Balkongeländer anbinden. Das System ist beliebig erweiterbar, jeweils um 1,20 m.

3 Einfacher ist es natürlich, sich eine gemütliche Sitzecke zu bauen - und dort einen großen Sonnenschirm aufzustellen. Vorteil: Diesen können Sie an verschiedenen Stellen einsetzen.

4 Flexibel, aber weniger als Sonnen- denn als Sichtschutz einsetzbar, sind mit Koniferen und Blühpflanzen besetzte Pflanzkästen.

5 Fast wie bei Dornröschen: Manche Kletterpflanzen beranken in Windeseile ganze Fassaden, wie der Schlingenknöterich, im Volksmund „Architektentrost" genannt.

5

Wasserspiele auf Balkon und Terrasse

Ein Miniteich oder ein kleiner Brunnen auf Balkon oder Terrasse. Das ist so richtig romantisch - und mit relativ einfachen Mitteln auch von Ihnen zu realisieren. Auch auf einem kleinen Balkon muß ein Miniteich kein Wunschtraum bleiben. Kaufen Sie sich einen **Holzzuber** im Gartencenter oder besorgen Sie sich ein **halbiertes Faß**. Die Innenseite wird ganz einfach mit Flüssigkunststoff gestrichen. Dann etwas Wasserpflanzenerde einfüllen und Wasserpflanzen nach Ihrer Wahl einsetzen. Sehr beliebt sind Seerosen und Gräser.

Bei den meisten Brunnen, die der Hobbygärtner selbst bauen kann, handelt sich immer um einen geschlossenen Wasserkreislauf. Das sprudelnde Wasser wird über ein Auffangbecken (das nicht unbedingt sichtbar sein muß) mit Hilfe einer Pumpe wieder nach oben transportiert. Pflegeaufwand: gering. Nur verdunstetes Wasser müssen Sie wieder auffüllen.

Das Auffangbecken: Am einfachsten, Sie kaufen im Baumarkt ein fertiges kleines Teichbecken, ca. 60 x 60 cm, 30 bis 40 cm hoch. Das wird dann rundherum bepflanzt. Mit Stauden etwa, die Sie einfach in Kübeln aufstellen kön-

nen. Wenn Sie Holz vorziehen, können Sie sich gleich einen fertigen Blumentrog aus gehobeltem Vierkantholz kaufen. Diese Tröge werden innen mit etwa 0,5mm starker Teichfolie ausgekleidet.

Ziersteine für den kleinen Balkon- oder Terrassenbrunnen können Sie in der Natur finden. Oder aber kaufen. Die Baustoffmärkte helfen da gern weiter - und liefern schwereres Gestein bis vor die Haustür. Besonders schön sind weiße Steine aus Carrara-Marmor oder österreichische Gletschersteine. Schmuckstück ist dann ein Sprudelstein. Auch den gibt es für etwa 200 Mark im Baustoffhandel.

Pumpen und Springbrunnen

Flachwasserpumpen sind ideal für Auffangbecken. Sie benötigen dafür lediglich eine Steckdose. Die Verbindung zum Sprudelstein erfolgt über einen Schlauch (1/2- oder 3/4-Zoll). Mit einem Sprühaufsatz können Sie sich eine kleine Fontäne oder einen weißschäumenden Sprudler auf den Balkon holen. Die Pumpen sollten immer erhöht auf einen Sockel gestellt werden, niemals direkt auf den Beckenboden. Dann verschmutzen die Geräte nicht so schnell.

Schwierigkeitsgrad			
	1	2	3

Kraftaufwand			
0	1	2	3

Strom und Wasser

Alle Geräte, die mit 220 Volt-Strom betrieben werden, müssen das VDE-Zeichen tragen. Alle Leitungen und Steckdosen, Lampen und Verbindungskabel müssen vor Wasser geschützt sein und sollten von einem Fachmann angeschlossen werden. Empfehlenswert sind kleinere Pumpen, die mit 12 Volt betrieben werden, zum Teil mit einer Autobatterie. Der neueste Trend (aber teuer): Wasserspiele, mit Sonnenkraft betrieben.

Wasserpflanzen

Besonders geeignet für einen Kübel sind Pflanzen, die Sie bereits angezogen in einem Container kaufen und jederzeit ins Wasser einsetzen können, wie z.B. **Seerosen, Froschlöffel, Blumenbinse, Sumpfschwertlilien**. Es gibt auch Schwimmpflanzen, die keine Erde brauchen, z.B. **Wasseraloe** und **Wasserhyazinte**.

TIP: Achten Sie darauf, daß das zulässige Gewicht nicht überschritten wird, wenn Sie einen Mini-Teich auf Ihrem Balkon aufstellen. Jeden Balkonquadratmeter dürfen Sie mit etwa 250 kg belasten. Bei der Planung müssen Sie berrechnen, wie schwer die Bepflanzung wird.

Einfach, aber wirkungsvoll: Holztrog mit Wasserpflanzen

Leucht-Stoffe

So richtig romantisch werden Balkon und Terrasse erst am Abend, wenn Ruhe einkehrt auf den Straßen, wenn die Nachbarn ihren Rasenmäher in der Garage geparkt haben, die Kinder im Bett sind. Dann ist Zeit, das „Zimmer im Grünen" so richtig zu genießen, im warmen Schein eines Windlichts etwa. Beim Fest auf „Balkonien" oder auf der Terrasse sollten Sie die üppiger leuchtenden Gartenfackeln anzünden. Wenn Sie es allerdings ganz perfekt haben möchten, dann sollten Sie sich Leuchten für Terrasse und/oder Balkon anschaffen.

Haben Sie einen direkten Stromauslaß, können Sie jede beliebige Außenleuchte montieren. Raffiniert: **Außenlampen** mit **Infrarot-Bewegungsmelder**, die bereits ab 50 Mark im Handel sind. Das Licht schaltet sich automatisch ein, sobald Sie in den Bereich des Sensors kommen, der übrigens verstellbar ist. Selbst bestimmen können Sie auch die Zeit, wie lange die Lampe brennen soll: Sie ist zwischen 8 Sekunden und 12 Minuten regelbar. Ideal, wenn man mal schnell etwas rein- bzw. raustragen möchte. Brauchen Sie länger Licht, sollten Sie ein Modell wählen, daß man problemlos auf Dauerlicht um-

stellen kann. Diese Lampen gibt es übrigens auch als **Halogen-Fluter** mit 250 bis 500 Watt.

Attraktiver - und für Balkon und Terrasse auch wesentlich gemütlicher - sind **Niedervolt-Außenlampen**. Ganz einfach zu montieren. Sie brauchen lediglich eine Außensteckdose, an die der Transformator angeschlossen wird. Die Leuchten, je nach Ausführung zwischen zwei und sechs Stück, werden einfach in die Erde gesteckt. Da die Anlage mit Niederspannung, in der Regel 12 Volt, betrieben wird, besteht auch bei freiliegenden Leitungen keine Gefahr. Für so eine Anlage müssen Sie zwischen 50 und 150 Mark anlegen. Mit den Leuchten können Sie interessante Effekte erzielen, die die Pflanzen in Ihrem „Grünen Zimmer" erst so richtig zur Geltung bringen.

Umweltbewußt und sparsam? Dann sollten Sie sich eine **Solarleuchte** kaufen. Die bringt Licht ins Dunkel, ganz ohne Kabel. Es gibt Ausführungen, die Sie sowohl als Tisch-, Wand- und Gartenstehleuchte verwenden können. Die Solarpaneele sollten aus multikristallinen Solarzellen sein. Sinnvoll ist auch ein herausnehmbarer Ak-

ku, den Sie bei schlechtem Wetter separat aufladen können. Richtwert: Brenndauer pro Nacht etwa 5 Stunden. Der Preis liegt etwa zwischen 70 und 150 Mark je nach Ausführung.

Material

Niederspannungs-Außenleuchtensystem oder Solarleuchte, eventuell Dübel und Schrauben für die Wandbefestigung

Werkzeuge

Schwierig-keitsgrad	0	1	2	3

Kraft-aufwand	0	1	2	3

Arbeitszeit

1 - 2 Stunden, je nach Anzahl der Leuchten und den vorhandenen Elektroanschlüssen

Ersparnis

Wenn Sie Elektroinstallationen ausführen müssen und können(!) etwa 100 Mark

Wichtiges und Interessantes in Kürze

Die wichtigsten Pflanzregeln

Mitte Mai dürfen alle Pflanzen, auch die empfindlichsten, nach draußen. Wer eher pflanzen will, braucht einen **Frostschutz** für die kalten Nächte.

Neu gekaufte Balkonkästen oder Kübel aus **Ton** werden vor dem Bepflanzen etwa eine halbe Stunde gewässert.

Gönnen Sie Ihren Balkonblumen gute Erde, sogenannte **Einheitserde**, die mit Dünger angereichert ist.

Setzen Sie die Pflanzen **nicht zu dicht** zusammen. Denn sie wachsen noch und brauchen später ausreichend Platz.

Drücken Sie die Erde nach dem Einsetzen der Blumen fest an, gießen Sie gründlich. **Gedüngt** wird zum ersten Mal etwa vier Wochen nach dem Einpflanzen.

Die wichtigsten Pflegeregeln

Gießen Sie Ihre Balkonblumen **täglich** - aber nie in der Mittagshitze. An sehr heißen Sommertagen müssen Sie sogar morgens und abends zur Kanne greifen.

Die meisten Pflanzen bekommen einmal pro Woche eine Portion **Flüssigdünger**. Wer sich weniger Arbeit machen will, kann beim Einpflanzen Langzeitdünger zugeben.

Auf einem sehr sonnigen Balkon müssen Sie im Sommer für **Schatten** sorgen. Spannen Sie mittags einen Sonnenschirm über die Pflanzen.

Welke Blätter und **Blüten** sollten Sie abknipsen. Die können sich sonst zu Krankheitsherden entwickeln.

Machen Sie einmal pro Woche eine **Schädlingskontrolle**. Wenige Läuse kann man einfach abstreifen. Benutzen Sie zur Bekämpfung umweltfreundliche Mittel: Seifen-Spiritus-Lauge, Nützlinge oder ähnliches.

Der Hochhaus-Balkon

Auf Hochhausbalkonen geht es oft stürmisch zu. Da kommt es auf die richtige Auswahl an. Vergessen Sie alle Blumen mit steifen Stengeln, die leicht abbrechen, mit großen Blättern, die dem Wind viel Angriffsfläche bieten, mit gefüllten Blüten, die schnell zerzaust sind. Gut geeignet für stürmische Ecken

sind **Gazanien** und **Margeriten**, die sich im Winde wiegen, **Fleißige Lieschen** und **Verbenen**, **Leberbalsam** und niedrige **Husarenknöpfchen**. Eine der ganz wetterfesten Blumen, die Wind und Regen trotzt, ist die **Studentenblume**.

Zauberei mit Farben

Ganz edel und modisch im Trend sind Balkone Ton in Ton bepflanzt. Dabei erzeugen die einzelnen Farben ganz unterschiedliche Wirkungen auf den Betrachter. Auf einem Balkon mit **gelben Blumen** scheint selbst an trüben Tagen die Sonne. Dunkle Ecken werden hell und licht. Alle **Gelb- und Orangetöne** können Sie sorglos kombinieren: **Knollenbegonien** mit **Ringelblumen**, **Tagetes** mit **Taglilien**, **Geißblatt** mit **Gauklerblumen**.

Rote Blumen drängen sich in den Vordergrund und leuchten selbst auf weite Entfernungen. Viele alte Bekannte haben auch eine rote Varietät: **Geranien, Verbenen, Nelken, Fuchsien, Fleißige Lieschen, Petunien**.

Blau ist die schwierigste Farbe, weil es so viele Töne gibt, die oft schlecht zusammenpassen. Außerdem verändern sich blaue Töne mit dem zu- und abnehmenden Sonnenlicht. Aus diesem Farbspektrum sollten Sie nur wenige, aber auffallende Blumen pflanzen. Etwa eine **Bougainvillea** oder **Vanilleblumen** im Kübel, **Blaue Gänseblümchen** oder **Glockenblumen** im Kasten.

Mit betörendem Duft

Wer tagtäglich die schönsten Wohlgerüche schnuppern will, sollte sich eine Duftecke einrichten. **Heliotrop** etwa verbreitet intensiven Vanilleduft, **Duftsteinrich** und **Clematis** duften süß wie Honig, ein dicker **Lavendeltuff** im Kübel zieht Schmetterlinge an, **Duftwicken** ranken am Geländer hoch, **Oleander** und die betörend duftende **Datura** machen sich gut im Kübel, **Nachtviolen** duften am Abend, **Lilien** den ganzen Tag über. Wer die Düfte richtig genießen will, sollte sparsam damit umgehen und nur zwei, drei duftende Höhepunkte zwischen nichtduftende Pflanzen setzen.

Kinder-Garten

Das macht Kindern Spaß: wenn zwei große Mörtelkübel (aus dem Baumarkt) auf dem Balkon zum Planschbecken und zur Sandkiste werden. Grünes in der Nähe sollte zur pflegeleichten Art gehören wie **Zypergras, Grünlilie** oder **Kapuzinerkresse**. Diese robusten Pflanzen nehmen es nicht so schnell übel, wenn eine liebevolle Kinderhand einmal einen ganzen Eimer Wasser über sie gießt oder wenn sie mal ganz vergessen werden.

Die Mühe hat sich gelohnt: Ein üppig blühender, farbenprächtiger Balkon

Abbildungsverzeichnis

Die nachstehend aufgeführten Personen und Firmen haben Bildmaterial bzw. Illustrationen zur Verfügung gestellt. Da sie damit zur Gestaltung dieses Buches beigetragen haben, möchten wir ihnen für die freundliche Unterstützung herzlich danken.

BASF S. 18 o., 18 u., 22 o., 23 o.

L. Castaneda/THE IMAGE BANK S. 24 o.

Gerth, Liane S. 14, 16 o., m., u., 29 u., 53 o.

Henseler, E. u. B. S.19 o., 19 u., 20 o., 21 o., 21 u., 22 u., 23 u.

Redeleit, Wolfgang alle anderen Aufnahmen

**Astrid Berger,
Bettina Hempel:** Zeichnungen S. 70, 72, 73, 74